歴史文化ライブラリー
606

苦悩の覇者　天武天皇

専制君主と下級官僚

虎尾達哉

吉川弘文館

目次

覇者の王権――プロローグ

奈良時代の後半（八世紀後半）に入るころ、文人官僚淡海三船《おうみのみふね》は勅命をうけて、初代の「神武」から八世紀前半の女帝「元正」にいたるまでの漢風諡号《かんぷうしごう》を一斉に撰定し献上した（「文武」は除く）。漢風諡号とは漢字二字で表される諡号（死後贈られる名）のこと。これに対して和風の諡号もあった。たとえば、神武天皇は「神日本磐余彦天皇《かむやまといわれびこのすめらみこと》」である。

さて、三船は歴代の天皇の中で、「天渟中原瀛真人天皇《あまのぬなはらおきのまひとのすめらみこと》」の和風諡号をもつ天皇にも敬意を込めて立派な漢風諡号を撰上した。「天武」である。「天賦の武才をもつ」というほどの意味だ。いうまでもなく、その武才は古代最大の内乱、壬申の乱（六七二）に勝利を収めたことに由来する。

図１　天武天皇肖像　『集古十種』より

天武は平時の尋常な手続きで即位した天皇ではない。クーデタで皇位を簒奪した史上稀な天皇である。大津京から落ち延びた吉野の地で虎視眈々と機を窺い、兄天智亡き後、妻の鸕野讃良《うののさらら》やわずか二〇名ほどの舎人《とねり》たちとともに蹶起《けっき》した。乾坤一擲《けんこんいってき》の大勝負。初戦のきわめて不利な状況によく耐え、各地で援軍を得て、最後は近江朝廷軍を圧倒。帝都に殺到して凱歌をあげた。事実上の君主・大友皇子（兄天智の皇子）は自尽。まさに、天賦の武才をもって覇者となったのだ。

むろん、彼はそれまでの皇統と深く繋がっている。ばかりか、かつては天智の下で皇太弟でもあった。武力で皇位を簒奪したとはいえ、中国歴朝交代に見られる易姓《えきせい》革命ではない。しかし、それまでの政権と死闘を繰り広げ、これを壊滅させた上で即位した。従来の天皇とはそこが決定的に違うのだ。

旧来の畿内豪族層の大半は天武に敵対して屈服させられた者たちである。当然、新政権下にあって発言力は封じられる。これで天武は律令国家の建設を急ピッチで推進することが可能となった。独裁的な権力を手にした強大な専制君主。天武をそのように捉えることが学界の定説である。

たとえば、古代官僚制研究で知られた野村忠夫は、その論著でしばしば彼を「デスポット天武」と言い表わした。デスポット（despot）とは専制君主、独裁者のことである。学界もそのような表現を違和感なく受け容れてきた。むろん、筆者も含めてである。

もっとも、近年、天武を空前の専制君主とすることに慎重な見方も登場するようになった。吉川真司によれば、天武の専制的権力は兄天智のそれを継承したものにすぎず、彼の政策はやはり兄が創設した政治的枠組みの中で、兄のやり遺したものを実行したにすぎないという（吉川　二〇一一）。

天武が天智の政治的枠組みを引き継ぎ、兄が目指した律令国家の建設を進めたことは確かだが、それを推進した専制的権力の質は大きく異なると筆者は考える。天武は重臣に国政を審議させる大臣以下の議政官組織を置かなかったからだ。実はこれ自体にも異論があるのだが、それについては本書の中でふれよう。

今一つ、彼が覇者であった事実。これはやはり重いと筆者は思う。覇者として行った大規模な殺戮と破壊、旧近江朝廷幹部の処刑。かつて冷徹な武力を発動して成功した天武は

「政事の要は軍事にあり」と喝破した。天智は後世三船に「天賦の智慧」と称賛された智謀に長けた天皇だが、覇者ではない。この点でも専制的権力の質を異にしたとみるべきだ。

さらにいえば、天武は覇者であったことから、自ら中国的な専制君主となることを明確に意図した。その点も彼の専制的権力に独自の色彩を与えているのであるが、これも本書の中でふれることにしよう。

ともあれ、天武が専制君主であったこと、これを疑う者はいない。しかし、従来はこの専制君主という観念のみが先行し、天武という生きた人物像が取り残される傾向があった。加えて、「大君は神にしませば」と神格化された天皇だったことも天武の実像を見えにくくした。

実際にはどんな専制君主であったのか。このうつし世を専制君主としていかに生きたのか。専制君主として、あるいは専制君主たろうとして現実の政治に立ち向かったとき、いかなることに悩み、心を砕き、そして挫折したか。そういう人間天武の実像が意外にも明らかになっていない。抽象的な律令国家建設の担い手と捉えることにかまけて、実体的な人間天武に関心を向けてこなかった。それが実情ではなかったか。

本書では専制君主天武の実像にできる限り迫ろうと思う。ただ、そうは言っても、そのアプローチは言うほど容易なことではない。ここで筆者が着目したのは、怪訝に思われるかもしれないが、官僚たちの存在であった。

専制君主にとって、官僚は不可欠な存在である。その権力は忠良な官僚たちを駆使して初めて行使できるからだ。そんな忠良な官僚群をどのように創出し、どのように統制してゆくか。当然といえば当然だが、天武はそこにかなり意を用いた。そのために用意周到な戦略を練り、段階的な施策を講じていった。実際には妥協をも交えながら、随処に現実的で合理的な支配者としての相貌を覗かせている。天武による官僚群の創出と統制を軸に、この専制君主の実像に迫ってみよう。

覇者天武の即位

乱直後の行賞

粛清と懐柔

壬申年（六七二）六月より七月にかけて、およそ一月に及ぶ戦闘の末に勝利を収めた大海人皇子は、翌八月には高市皇子《たけちのみこ》に命じて、旧近江朝廷の重臣たちの罪状を宣告させ、重罪の八名について極刑を科した。うち一名の右大臣中臣金《なかとみのかね》は近江国浅井の田根《たね》で斬首。首班であった大友皇子はすでに自害を遂げていたが、その首級が天武のもとに届けられ、首実検に供せられた。かりに自決せずに生き延びたとしても、処刑は免れなかっただろう。

その他、左大臣蘇我赤兄《そがのあかえ》、大納言巨勢比等《こせのひと》および彼らの子や孫、さらに処刑された中臣金の子、自尽した大納言蘇我果安《はたやす》の子もすべて流刑に処し、近江朝廷の上層指導部とその係累を一掃した。覇者による粛清である。

　この峻烈な粛清はたんに敗戦指導部への報復として行われたものではない。なぜなら、この後彼は終生一人の大臣も大納言も置かなかったからである。この粛清は蘇我氏や巨勢氏、中臣氏といった古来の名族や大豪族を震え上らせ、その発言力を封じるのには十分であったことだろう。しかし、天武の本意はそこだけにあったのではない。天皇（大王）の下で伝統的名族・大豪族がマヘツギミとして補佐し、国政を領導する従来の体制と敢然と訣別し、天皇による専制的支配を打ち立てようというその第一歩でもあった。

　しかし、大海人は粛清を一部の者にとどめた。それ以外の多くの敵対した旧近江朝廷の官僚たちについてはすべて赦免し、その罪を問わなかった。ある意味で当然のことだ。朝廷に叛旗を翻して皇位を簒奪した大海人だが、勝利に酔い痴れてばかりもいられない。政治に空白は許されない。それが権力を掌握した者がただちに当面する現実である。

　覇者大海人の政権を支えるのは、蹶起以来大海人に従ってきた舎人や王族、さらには近江朝廷から離反した官僚たちであるが、その数は限られている。否が応でも、頼みとせざるをえないのは、昨日まで敵として干戈《かんか》を交えた旧近江朝廷の多くの官僚たちだ。彼らを新政権の官僚として迎え、十分に働いてもらわねば、国家は寸分も立ち行かないのである。

いたずらに粛清の嵐を吹き渡らせるわけにはいかない。

大海人が彼らを赦免したのは、そういう戦略的判断があったからである。しかも、大海人は実は彼らの屈折した心の闇を見せつけられてもいる。事件は乱終結直後に起きた。大海人の勝利に大きく貢献した一人の旧近江朝廷官僚が自ら命を絶ったのだ。

尾張守・小子部《ちいさこべの》鉏鉤《さひち》。鉏鉤は大海人が吉野から東国に進軍して美濃国不破評《ふわのこおり》に入ったとき、管轄下の二万の軍兵を率いて帰順。この大規模な援軍が大海人軍の大きな支えとなった。近江朝廷の官僚には、乱の途中から寝返って大海人側についた者も出た。鉏鉤もその一人である。ばかりか、乱の帰趨を決するほどの多大な勲功をあげ、大海人の称賛を受けた人物だ。

その鉏鉤が乱終結後、山中に入って謎の自害を遂げる。報せを受けて大海人は驚愕し、

鉏鉤はこのたびの戦いで大きな働きをしてくれた。その鉏鉤が罪もないのに、どうして死なねばならないのか。隠謀でもあったのか。

と慨嘆する。「隠謀」（陰謀）とはむろん、ひそかな企み、はかりごとのことだ。大軍を率いて帰順してきたが、それは見せかけで、実は大海人軍を陥れようとしていた。そんな陰謀でもあったのか、と大海人は疑っているが、むしろ「よもやそんなことはあるまい」と

のニュアンスが滲む。

もとより、事の真相は不明である。だが、鉏鉤には功臣として称えてくれた大海人（天武）の新政権であらためて仕えようという気持ちはなかった。そのことだけはたしかだ。大海人の受けた衝撃は察するにあまりある。近江朝廷を寝返ってみせた官僚にすら、新政権で働くことを潔しとしない者もいる。まして、敗れて大海人軍に降った旧朝廷の官僚たちは、心中穏やかであろうはずはない。彼らを赦免するに至ったのは、大海人が功臣鉏鉤の自殺から旧官僚たちの心情を読み取り、ここは懐柔策が得策と考えたからでもある。

これでもわかるように、大海人（天武）の施策は概して現実的で合理的である。そのことは本書でもたびたび確認することになるだろう。

論功行賞

さて、覇者大海人は、敵対した旧近江朝廷の官僚たちに対し、ごく一部を除いて赦免する現実策をとったが、その二日後、今度は大海人側に立って勲功をあげた人々に対し、その功に報いる褒賞を行っている。

もっとも、この時の褒賞について、『日本書紀』は「顕《あきら》かに寵賞す」と記すのみで具体的には伝わらない。のちに取り上げる功封《くふ》や功田などを与えた可能性はある。本書では壬申の乱で勲功を挙げた人々を「壬申功臣」と表すことにするが、天武はこの壬申功臣への褒賞に意を用い、この後もこのような論功行賞をたびたび繰り返した。

天武が飛鳥浄御《あすかきよみ》原宮《はらのみや》で即位するのは、壬申の乱の翌年。通例では壬申年を天武元年(六七二)と数えるから、天武二年正月のことである。(以下、本書もこの通例にしたがう)。この即位に先立って、天武元年十二月には、やはり壬申功臣に対する褒賞を行う。これは具体的には冠位の加増であった。

冠位とは、文字通り、冠の形状や色で官僚のランクを表示する制度。推古十二年(六〇四)の冠位十二階を嚆矢とし、その後三度の改訂を経て、天武王権樹立のころは、天智三年(六六四)施行の冠位が行われていた。天武は兄の定めたこの冠位をとりあえず継承し、のちに自ら新たに六四階からなる壮大な冠位(天武十四年冠位制)を創設する。これについてはのちに詳しくふれるが、この天武十四年冠位制が八世紀初頭には、さらに三〇階からなる大宝令位階制へと改訂される。

冠位の加増

さて、天武元年十二月の褒賞に話を戻そう。冠位の加増とは、冠位をより上位に昇進させることだ。考選法と呼ばれる官僚の勤務評定・昇進制度のもとでは、冠位の昇進はごくありふれたものとなるが、この考選法がわが国で初めて導入されたのは天武七年(六七八)のこと。では、それ以前はどうであったか。

実は考選法以前にも、この加増が行われていたことは確認できる。たとえば、遣隋使として著名な小野妹子は、推古十五年（六〇七）には冠位十二階の「大礼」であったが、最後は「大徳」にまで昇った（『新撰姓氏録』左京皇別下）。

しかし、このような冠位の加増はおそらく例外的なことであった。そういう事例が実際に僅少というだけではない。本来、冠位の加増は臣下の殊功に天皇が報いる恩寵だったからだ。そのことを示す独特の言い回しがある。

八世紀の奈良時代後半、淳仁天皇が即位した際の宣命《せんみよう》（即位宣命）にそれが見えている（『続日本紀』天平宝字二年八月庚子条）。

仕《つか》え奉《まつ》る人等《ども》の中に、自《し》が仕え奉る状《さま》に随いて一二人等《ひとりふたりども》の冠位《かがふりくらい》上げ賜い治め賜う。

（天皇にお仕え申し上げる人々の中から、そのお仕え申し上げる精勤ぶりに応じて、一人二人の冠位を加増なさり、しかるべき地位をお与えになる）

宣命では天皇が自身に対して尊敬表現を用いるので、やや奇異な感を覚えるかもしれない。要するに淳仁は、即位に至るまで自分に仕え自分を支えてくれた官僚たちの中から、特に精勤著しい者を一人二人選んで位階を昇進させると言っているのである。

しかし、これは実に奇妙な言い回しである。というのは、この日、この宣命を受けて位

大　小 信　信	大　小 義　義	大　小 智　智	
小 青	大 黒	小 黒	建 武
小山 上　下	大乙 上　下	小乙 上　下	立 身
小山 上中下	大乙 上中下	小乙 上中下	大小 建建
務 大広　大広　大広　大広 壱　弐　参　肆	追 大広　大広　大広　大広 壱　弐　参　肆	進 大広　大広　大広　大広 壱　弐　参　肆	
正　従 七位 上　下｜上　下	正　従 八位 上　下｜上　下	大　少 初位 上　下｜上　下	

表1　冠位の変遷

<table>
<tr><td>推古十一年</td><td colspan="3"></td><td>大　小
徳　徳</td><td>大　小
仁　仁</td><td>大　小
礼　礼</td></tr>
<tr><td>大化三年</td><td>大 小
織</td><td>大 小
繡</td><td>大 小
紫</td><td>大
錦</td><td>小
錦</td><td>大
青</td></tr>
<tr><td>大化五年</td><td>大 小
織</td><td>大 小
繡</td><td>大 小
紫</td><td>大
花
上　下</td><td>小
花
上　下</td><td>大
山
上　下</td></tr>
<tr><td>天智三年</td><td>大 小
織</td><td>大 小
縫</td><td>大 小
紫</td><td>大
錦
上中下</td><td>大
錦
上中下</td><td>大
山
上中下</td></tr>
<tr><td>天武十四年</td><td colspan="3">正
大広 大広 大広 大広
壱 弐 参 肆</td><td colspan="2">直
大広 大広 大広 大広
壱 弐 参 肆</td><td>勤
大広 大広 大広 大広
壱 弐 参 肆</td></tr>
<tr><td>大宝元年</td><td>正従
一
位</td><td>正従
二
位</td><td>正従
三
位</td><td>正　従
四
位
上下｜上下</td><td>正　従
五
位
上下｜上下</td><td>正　従
六
位
上　下｜上　下</td></tr>
</table>

階の昇進に預かった官僚たちは、とても「一人二人」どころではなかった。男官三五名、女官一一名の合わせて四六名にのぼったからである。「一人二人」と四六名とでは、あまりにかけ離れている。むろん、淳仁は四六人と知っていて、あえて「一人二人」と言ったのである。

この言い回しは、のちの光仁天皇や桓武天皇の即位宣命にも登場する。しかも、昇進に預かった官僚は、光仁二七名、桓武三八名。「一人二人」とはやはりかけ離れている。これほどかけ離れているのにあえて使われているのは、この言い回しが古来、天皇（大王）が臣下の冠位を加増する際の伝統的な定型表現だったから。そう考えると腑に落ちる。

奈良時代には、官僚たちの位階の昇進はごくありふれたものになった。しかし、その昔、位階の前身である冠位の加増はきわめて稀なことであったのであり、殊功を挙げた文字通り「一人二人」の官僚の冠位を加増する。それは天皇（大王）が施した例外的な恩寵であった。逆にいうと、冠位は本来固定的な地位標章で、通常、加増されるものではなかった。多くの場合、一たび与えられれば、生涯不変。それが本来の冠位であった。

冠位加増の大規模化

天武はその不変の冠位を大量に加増した。もっとも、『書紀』はここでも簡潔に諸《もろもろ》の功勲ある者を選びて冠位を増加せしむ。よって、小山位《しょうせんい》以上を賜うこと各《おのおの》差《しな》あり。

と記す（天武元年十二月辛酉条）のみだが、功勲ある者として選ばれた者がわずか「一人二人」であろうはずはない。壬申功臣は、のちに述べる贈位などの手厚い褒賞を蒙った者だけでも六〇名はいたことが知られる。このとき冠位の加増に預かった者は少なくともそれに近い数であったはずだ。おそらく、それをかなり上回っていただろう。

なぜか。右の記事の後半で、加増して与える冠位を「小山位以上」と言っているからだ。この「小山位」とは、天智三年冠位制の小山冠三階のこと。「小山位以上」は小山下以上を意味する。この冠位制は全部で二六階からなるが、小山下は下から九番目。小山冠三階は大宝令位階制では七位に相当する。

かくして、「小山位以上」の冠位は二〇階。ただし、のちの三位以上に相当する紫冠以上六階は本来大臣クラスの冠位だから、ここでは対象外。天武は在世中、臣下の大臣を置かなかった。とすれば、「小山位以上」の範囲は実質一四階。しかも、これものちに述べるように、天武は大錦冠《だいきんかん》への昇進を抑制したから、「小山位以上」の範囲の実質はさらに狭まる。一〇階程度といったところか。

それでも、この範囲で壬申功臣に冠位を与えたというのだから、対象者はかなりの人数に上っただろう。従来「一人二人」を対象に、天皇からの特別の恩寵として行われてきた冠位の加増。それを天武は一挙に大規模化した。多くの人々の従軍をえて王権樹立に成功するという未曽有の事態の中で、特別の恩寵を与えるべき人々が「一人二人」にとどまらなかったということだ。

天武が即位以前にこのような大規模な冠位加増を行った意図については、さらに即位直後にも行った二度目の冠位加増とともに、のちにくわしく述べることとしたい。

中国的専制君主への志向

壬申功臣への褒賞は、むろん冠位の加増だけではない。具体的には不明だが、乱後の早い時期に何らかの褒賞を行ったことはすでに述べた。その他にも、天武はいくつかの褒賞を行った。

贈位

その一つが贈位である。贈位とは、殊功のあった官僚の死去に際して、天皇が故人の生前の功績を賞するために贈る冠位・位階のことである。壬申功臣の中にはこの贈位に預かった者が多く見られる。というより、そもそも日本古代の贈位制度は、天武がおそらくは壬申功臣への褒賞の一つとして始めたものである。

知られる限りもっとも早いのは、天武二年（六七三）五月に死去した坂本財《さかもとのたから》に対する贈位である。『書紀』によれば、「壬申年の労」により小紫《しょうし》の冠位を贈ったという。財は壬申の乱において、将軍大伴吹負《おおとものふけい》の命を受け、河内方面から攻め込んで来た近江朝廷軍を龍田で防ぎとめた。「壬申年の労」とはこの勲功をさす。

壬申功臣への贈位はこの後も長く行われた。壬申功臣を理由に贈位したことが確認できる最後の事例は、和銅三年（七一〇）十月に死去した黄書大伴《きぶみのおおとも》である。正四位下を贈位された。他にも、その理由は『続日本紀』には見えないものの、和銅七年五月の死去時に従二位を贈位された大伴安麻呂。彼もまた壬申功臣だった。朱鳥元年（六八六）に天武が崩じてから四半世紀。その間、持統・文武・元明と天皇は変わったが、天武王権を引き継いだ天皇たちは壬申功臣への贈位を忘れなかった。

実は壬申功臣は、乱後五〇年以上を経た聖武天皇の時代にも生存していた。たとえば、かつて先の坂本財と共に龍田で防戦した民小鮪《たみのおしび》は、天平元年（七二九）までは健在だった（『続紀』宝亀三年四月庚午条）。没年も贈位のことも伝わらないが、小鮪も財同様、死後に天皇より贈位の厚遇を受けた可能性はある。

唐の贈官にならう

それでは、天武はなぜ贈位という制度を設けたのか。二つの面からのアプローチが必要だ。一つは唐の贈官との類似である。天武が創

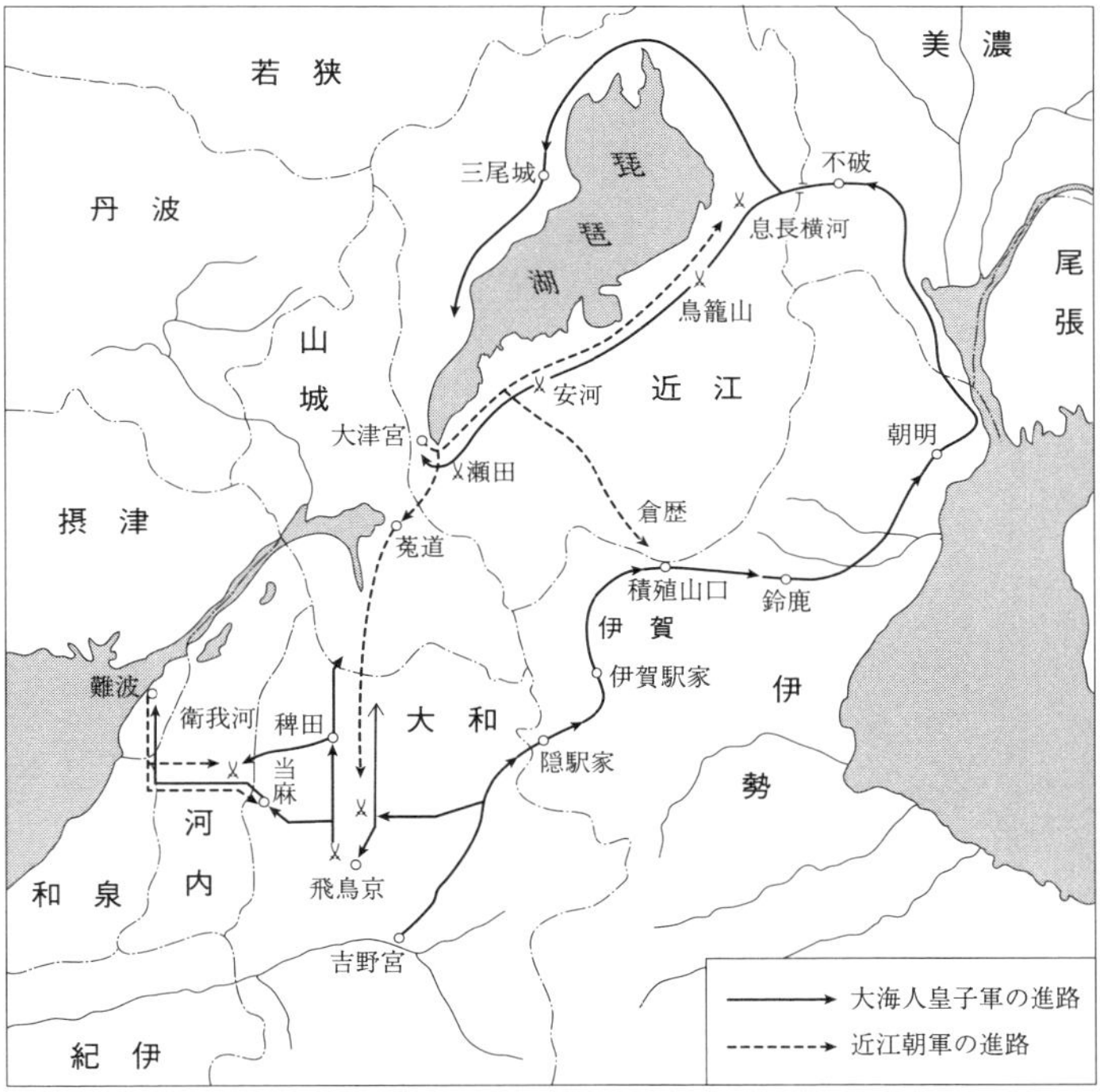

図２　壬申の乱関係地図　早川万年『壬申の乱を読み解く』，吉川弘文館，2009年より

設した贈位は、間違いなく唐の贈官にならったものである。

唐の贈官とは、皇帝が大臣・高官の死去に際して命じる喪葬儀礼の一つで、故人に文散官または武散官を贈るものだ。たとえば、唐の貞観十一年（六三七）に没した尚書右僕射《しょうしょうぼくや》（大臣）の温彦博《おんげんはく》に対しては、時の皇帝太宗が特進という文散官を贈っている。唐には散官（栄爵的な官職）はあるが、日本のような冠位・位階はない。天武はわが国の冠位を散官に見立て、彼の地の贈官を贈位として採り入れたのだ。

贈官だけではない。それ以外の喪葬儀礼も天武は採り入れている。先の温彦博については、没後に作成された墓誌が残っている。それによると、彦博の死去に際して太宗は贈官以外にも、監護喪事《かんごそうじ》（喪礼の監督）、弔祭（皇帝の弔意を伝えて死者を祭ること）、東園秘器《とうえんひき》（棺）の賜与、贈賻《ぞうふ》（遺族に賻物を贈ること）、喪葬具の官給、贈謚《ぞうし》（おくりな）、太宗の昭陵への陪葬を命じている（毛　一九八七）。

また、大臣・高官の喪葬儀礼には別に、葬日に班剣（儀刀の支給）を行い、墓所までの往還に羽葆《うほう》（棺を蓋う羽根飾り）・鼓吹《くすい》（打楽器・吹奏楽器）・儀仗《ぎじょう》の使用を認めることもある（同上「李鳳誌」など）。いずれも葬送の威儀を整えるためのものだ。

これらの諸儀礼のうち、贈謚については、天武五年（六七六）八月に死去した大三輪真《おおみわのま》上田君《かむだのきみ》子人《こびと》に対して行われている。壬申の乱での功績は、当時伊勢の国司だった子人が大海人軍を鈴鹿評で迎えて加勢したこと。この軍功により、天武は子人に小紫位を贈位し、さらに「大三輪真上田君迎《むかえ》」と贈諡したのである。

また、鼓吹については、天武十二年六月に死去した大伴《おおともの》望多《まくだ》の葬送に際して使用されている。望多は壬申の乱では早くから大海人軍に合流して闘った武人。天武はその勲功と武門大伴氏の代々の功績を賞して大紫位《だいしい》を贈位し、さらに鼓吹をもって葬送することを命じたのである。

贈賻の実例も知られる。天武十一年七月に病死した膳《かしわでの》摩漏《まろ》。彼もまた壬申功臣である。天武はその功に対して大紫位を贈位。これに加えて、「禄」を贈ったという。この「禄」は賻物のこと。つまり贈賻を行ったのである。

『書紀』によれば、この贈賻は天武の時代には摩漏の一例だけである。ところが、次の持統の時代になると、つねに贈位とセットとなり、たとえば

文《ふみの》忌寸《いみき》智徳《ちとく》に直大壱を贈り、あわせて賻物を賜う。（持統六年五月甲申条）

といった定型的な記事として頻出する。だからといって、天武朝には稀にしか行わなかった贈賻を持統朝になると頻繁に行うようになった、ということではない。おそらく天武朝

でも贈位だけではなく、あわせて賻贈も行っていただろう。

今日、『書紀』三〇巻の各巻をめぐって多くの精緻な研究が蓄積されている。しかし、天武紀（巻二九）と持統紀（巻三〇）に限っていえば、両巻はそれぞれ別の筆者が記述した。この点はみな一致している。当然、両巻には記述法にしばしば違いが見られる。同じく贈位のことを記す場合も、天武紀は主に贈位のことだけを述べ、一方持統紀はあわせて賻贈のことにもふれる定型表現をとった。そう考えるべきだ。

なお、持統紀の筆者がそのような定型表現をとったのは彼の独創ではない。贈位の記事を立てる際に、その贈位を命じた天皇の詔書を実際に見てなぞったのだ。そこに使われている「よろしく直広壱を贈り、兼ねてまた物を賜うべし」（『続紀』文武三年五月辛酉条）のような定型表現をなぞって書いたのである。

中国的君主像に擬える

さて、話を元に戻そう。天武は贈官以外にも、贈謚、鼓吹、賻贈といった唐の喪葬儀礼を採り入れた。もっとも、これらの喪葬儀礼はすでに天武以前の日本に伝わっていた。天智九年（六七〇）、前年没した藤原鎌足を葬送するに当たり、天智は羽葆・鼓吹の使用を命じ、賻贈も行っている（『家伝』上）。おそらくは遣唐使や留学生らによって、天智朝までには知られていたのである。

大化改新を断行した中大兄皇子（天智）は唐帝国を国家の模範とし、天皇を中心とする専制君主国家の建設を目指した。そうであれば、大臣・高官の死去に際し、唐の皇帝にならって彼の地と同様の喪葬儀礼をもって臨もうとする。事実、改新最大の功労者内臣鎌足の死去に際しては、葬礼を唐風に荘厳した。

この他にも同様の事例があったのか、それはわからない。改新期は一般に薄葬を旨としたから、あったとしても数えるほどで鎌足だけの特例だった可能性が高い。ただ、稀であったにせよ、すでに天智が唐の喪葬儀礼を一部実践したことは、当時皇太弟だった大海人皇子（天武）の脳裏にも君主のあるべき振舞いとして深く刻まれたはずだ。天武が引き継いだ天智の政治的枠組みの中にはこのような唐風喪葬儀礼の実践も含まれていた。

しかし、天武の唐風喪葬儀礼の実践は単に兄の振舞いを真似たものではない。また、大国唐で行われている喪葬儀礼をただ模倣しようとしたものでもない。天武自身が自らを中国的君主に意識的に擬《なぞら》えた上でとった行動の一つなのである。

中国では、古くは周代の儀式作法を伝える『儀礼《ぎらい》』の中に君の弔使のことが見え（士喪礼）、また後漢の博士范升《はんしよう》は征虜将軍祭遵《さいじゆん》の死去に際し、「古《いにしえ》は臣疾《や》まば君視《みま》い、臣卒《うせ》なば君弔《とむら》う。徳の厚ければなり」と光武帝に説いている（『後漢書』巻二〇祭遵伝）。大臣・高官の死去に弔意を示すことは君徳を示す道であった。だからこそ、歴朝の中国皇帝はさきの温彦博の喪葬に見られるような諸儀礼を執り行ってきた。

天武もまた、功臣たちの死去に際して、広く贈位・贈賻を執り行い、時に贈諡・鼓吹も厭わなかった。古来、中国皇帝に求められた「臣卒なば君弔う」の君徳。これを強く意識したからである。自らを中国的君主に擬えた彼はむろん、「臣疾まば君視い」の君徳をも意識した。天武九年（六八〇）七月、功臣県犬養大伴《あがたいぬかいのおおとも》の家に行幸し、その病を親しく見舞ったのは、この君徳の実践だった。

天武による贈位の創設とは、このような君徳を有する中国的君主像に自らを擬えようとしたことによる。本来、中国のような礼の規範をもたない日本においては、贈官（贈位）などの喪葬儀礼を採り入れたといっても部分的にとどまり、しかも贈諡などは結局定着するにはいたらなかった。それでも、天武は君徳を実践して、中国皇帝のような専制君主を志向した。そこに天武の覚悟を見ることができる。

新しい皇統を意識

むろん、その覚悟は天武が覇者として即位したことに由来する。とはいえ、天武は天智の実弟にして皇太弟であったから、武力で近江朝廷を打倒したといっても、皇統が断絶したわけではない。客観的にはせいぜいクーデタや大がかりな宮廷革命といったところだ。中国のそれまでの王朝を武力で廃絶して自らが新王朝を樹立する、易姓革命とは比べものにならない。

それはその通りだが、天武は明らかに新しい皇統を意識した。そのことを示す外交エピソードを紹介しよう。天武二年（六七三）閏六月、耽羅《たむら》と新羅《しらぎ》が日本に使節を派遣してきた。耽羅の使節は朝貢のため、新羅の使節は二組に分かれ、一組は天武の即位を慶賀し、もう一組は亡き天智の喪を弔うために来朝、那津《なのつ》（博多）に到着した。同年八月には「高句麗」（新羅国内に旧高句麗遺民が再建）の朝貢使も那津に着岸した。

ところが、これらの使節のうち、難波津《なにわのつ》を経て飛鳥浄御原宮まで行くことが許されたのは新羅の慶賀使だけだった。他の三つの使節（朝貢使・弔喪使）は那津に留められ、そのまま本国に帰されたのである。その中の耽羅の朝貢使に対して天武が発した詔が伝わっている（『書紀』天武二年八月戊申条）。

私は新たに天下を平定して、このたび初めて天皇に即位した。それゆえ、都に召し入れて接見するのは慶賀使のみとする。それ以外の入京は許さない。そのことはあなた方も他の使節を見て承知しているはずだ（中略）早々に本国に帰るがよい。

朝貢使・弔喪使とは会わない。そう言っている。弔喪使を追い返したのはわかりやすい。

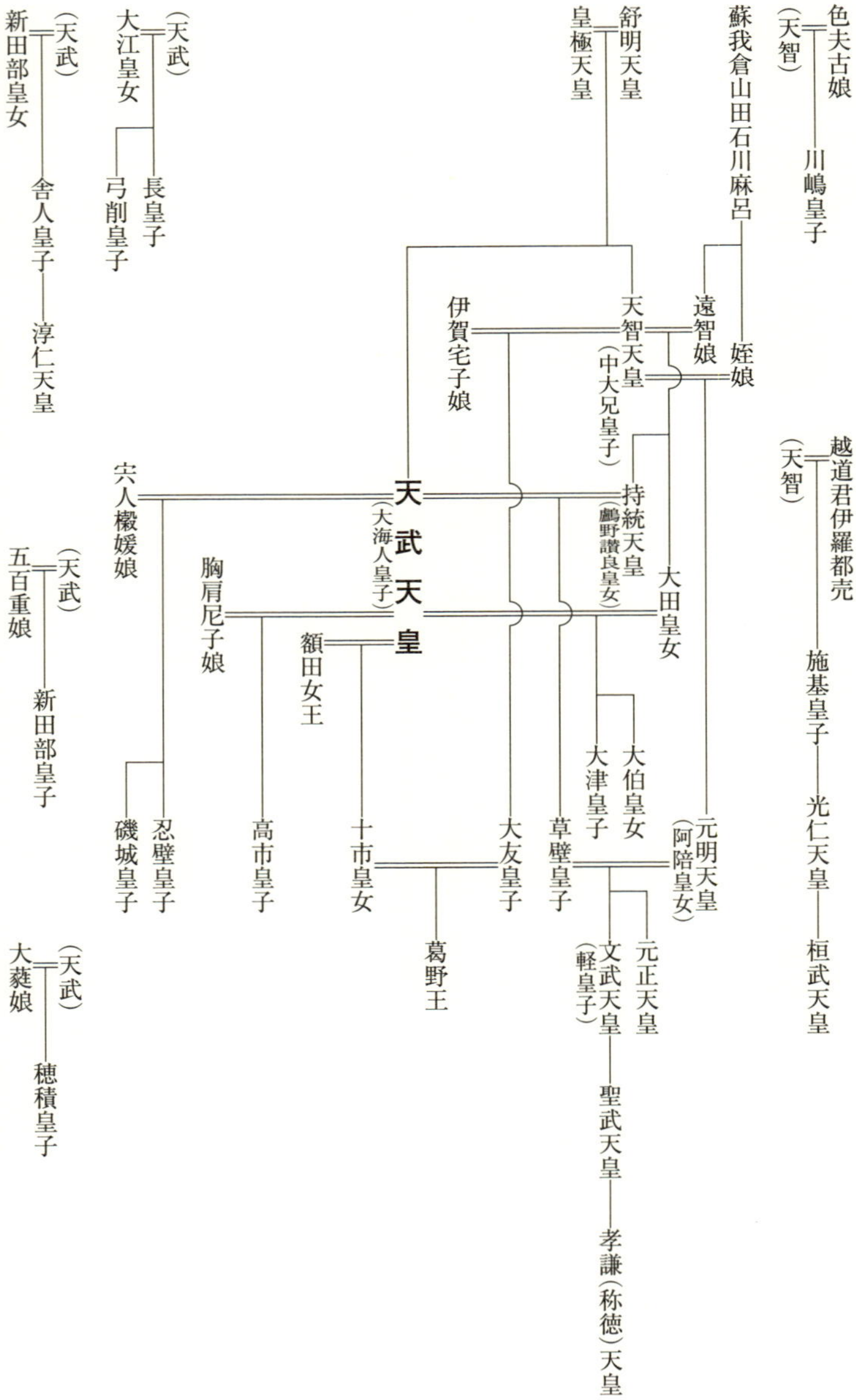

図3　天武天皇をめぐる略系図

近江朝廷を主宰した天智の喪など弔ってもらわなくて結構ということである。天武はその近江朝廷を打倒した張本だった。

だが、打倒したとき天智はすでに世を去っていた。当時朝廷を主宰していたのは遺児（天武の甥）の大友皇子。天武が滅ぼしたのはその大友であり、天智ではない。それでも、兄天智への弔喪使の入京を拒んだのは、天武が天智をふくむそれまでの皇統を否定し、自らが新しい皇統を樹立したという自負があったからである。ちなみに、天武が詔の中で「他の使節」と言っているのは、新羅の弔喪使のことだろう。

朝貢使を拒んだのも弔喪使と同じ理由からだ。朝貢とは宗主国に対して臣従する国が貢物を献上することをいうが、そのためにはその国が宗主国から臣下であると認めてもらう必要がある。耽羅は天智までの王統の下で日本の臣下と認められて朝貢してきた。しかし、今や皇統は変わったのだ。耽羅の朝貢を受け入れるのは、新皇統を開いた自分がまずは臣下と認めてからだ。天武はそう言っている。

そして、それを裏付けるように、天武は耽羅朝貢使の入京拒否を伝えるとともに、耽羅の国王、王子らに日本の冠位（大乙上《だいおつじょう》）を与えている。新皇統の君主として、耽羅を臣下と認めたのだ。その上で、那津から追い返し、あらためて朝貢するよう命じたのである。

「兄の弔喪お断り」「朝貢は出直せ」。外国使節に対していかにも尊大である。だが、そこに「覇者として新しい皇統を打ち立てたのだ」という強烈な自負がある。その自負のほどを国内だけではなく、国外にも見せつけたのである。

もっとも一方で天武は、新羅の弔喪使や「高句麗」の朝貢使には、那津の客館で饗応し、耽羅の国王・王子に与えた冠位の冠には、特別に錦と刺繡の飾りつけを施した。今後の良好な外交関係への配慮も怠らない。天武は現実主義者でもある。

唐代功臣顕彰の風

ともあれ、天武は覇者として新しい皇統を意識した。そのような意識は、天武十年（六八一）の修史事業の開始にもうかがわれる。中国では王朝が交替するたびに新たな王朝を樹立した覇者が前王朝の正史を編纂する。王朝交替（易姓革命）があったわけではないが、天武が新たな皇統の創始者という意識から、中国修史の慣例に範をとった。そう考えてよい。

皇統の創始者を意識した天武は、他にも中国に範をとった。もっとも顕著なのは、功臣顕彰の風である。天武の時代の唐、長安城。その太極宮内にあった凌煙閣《りようえんかく》には、長孫無忌《ちようそんむき》以下二四名もの人物像が描かれていた。この二四名は唐朝創業の功臣である。そして、その多くは李淵《りえん》（高祖）が太原に挙兵して以来、これに従ったいわゆる「太原元従《たいげんげんじゆう》」の勲臣であった。

　李淵の子世民《せいみん》（太宗）もまた、父の挙兵に加わった同志の一人だ。その太宗が貞観十七年（六四三）、閻立本《えんりっぽん》に命じて制作させたのが凌煙像なのである。創業の功臣たちの勲徳を永世に称《たた》えるためであった。隋末の大乱を平定して成立した唐朝の功臣顕彰の風をしのばせるに十分である。

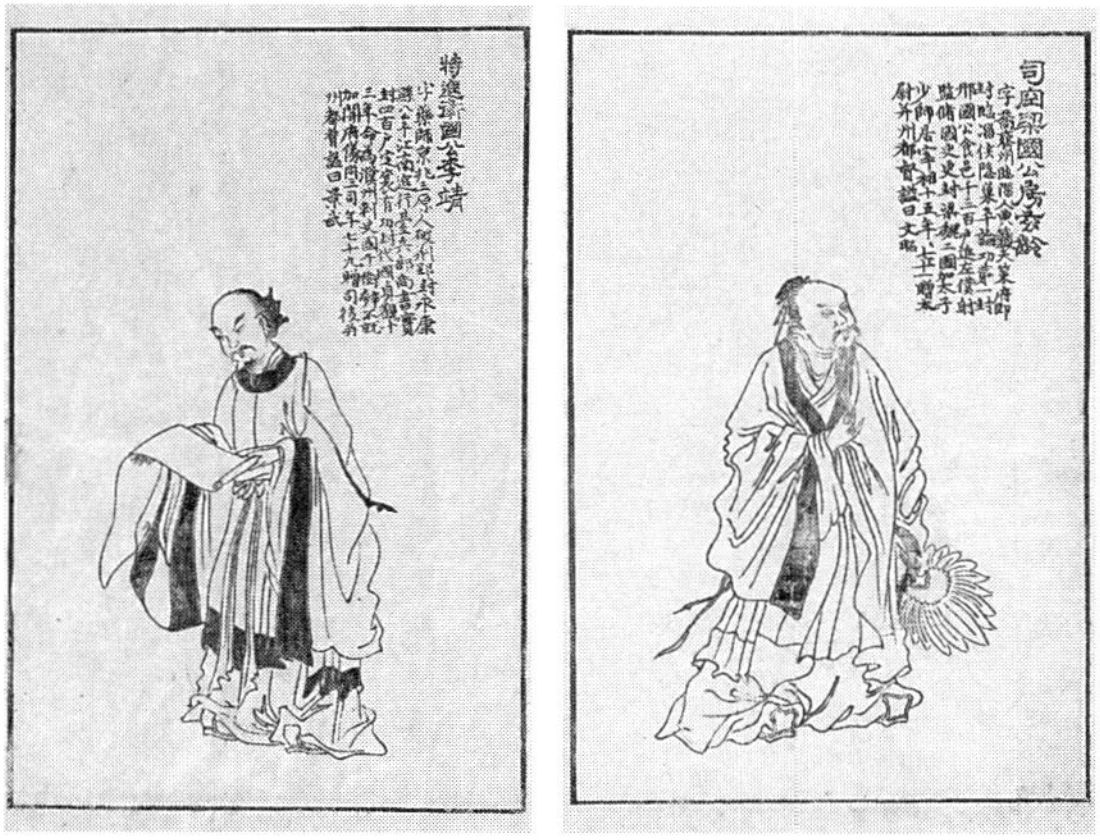

図４　凌煙閣功臣図　九州国立博物館所蔵（撮影：落合晴彦）

　天武は唐代初期のこのような功臣顕彰の風に範をとったのである。大乱とまではいえないにせよ、わずかな手勢で挙兵して近江朝廷を打倒した天武にとって、壬申功臣たちは創業の功臣であり、共に戦った同志であった。白雉四年（六五三）以降の遣唐使が実際に凌煙像を目の当たりにして帰国し、唐朝皇帝による功臣顕彰の様子を具体的に伝えたことも考えられる。

天武による功臣顕彰は唐朝にならいつつ、後に述べるように様々な形で行われた。その中でも、とりわけ広く行われたもの、それが贈位だったのだ。しかも、この壬申功臣に対する贈位は、天武亡き後、さらに持統・文武以下の代まで、いわば既定の方針として行われた。天武の功臣顕彰の意思がその皇統に受け継がれたのである。

天武は君徳を有する中国的君主像に自らを擬えようとした。しかし、それだけではない。新たな皇統を樹立した内乱の覇者として、唐朝功臣顕彰の風に範をとり、贈位その他を通じて、ともに戦った創業の功臣を顕彰しようとしたのである。

壬申紀は「勝者の歴史」か

時の王権に敢然と叛旗を翻し、これを打ち破って新たな皇統を開いた。天武やその後継者にとって、壬申の乱とはあからさまに天下を取りにいった戦いである。しかし、『書紀』のどこにもそんなことは書かれていない。

壬申の乱の経過は『書紀』の巻二八（壬申紀）に記述されている。吉川真司は、壬申紀は「近江朝廷は無能で、将兵の士気も低く、智謀と勇気と忠誠にみちた大海人方に負けるべくして負けた、と書き立てる」と難じ、これは「勝者の歴史」だと手厳しい（吉川二〇一一）。

だが、これはいささか酷である。壬申紀は実際にはそこまで書き立ててはいない。近江朝廷側の勇将・智将も登場するし、彼らの善戦ぶりも描かれている。何より、大海人自身が自軍の高市皇子に対し、

近江朝廷の方は左右大臣や智謀にたけた重臣たちが協議して事に当たることができるのに、私には協議する相手もいない。ただ年若い子供たちがいるだけだ。どうしたらいいのか。

とマンパワーにまさる強敵と対峙する不安を率直に口にした。そのこともちゃんと記録している（六月丁亥条）。

天武（大海人）にとって、壬申の乱は決して楽な闘いではなかった。近江朝廷軍との戦闘は戦線によっては一進一退であり、個々の局面では敗北・敗退も余儀なくされた。激戦だったのである。それは壬申紀からも十分伝わってくる。勝者（天武）の視点に立ちながらも、敗者（近江朝廷）へのリスペクトを怠っていない。私は吉川とは逆に、壬申紀はむしろかなり信頼できるとすら思っている。

ただ、その壬申紀にあっても、壬申の乱のある重要な一点については、あえて明言を避けている。この乱は大海人（天武）が天下を取りにいくために起こした戦いだった。この

図５　近江大津宮内裏正殿遺跡（錦織遺跡）

点である。天武が王権簒奪者であることは誰の目にも明らかだったが、壬申紀はさすがにそうは書いていない。

王権簒奪者としての天武

大海人（天武）は天智の晩年、兄からの譲位の甘言に、身の危険を察知して固辞。皇太弟の地位を捨て、僧形となって大津京から吉野に落ち延びた。政治の世界との絶縁を身をもって表し、ようやく存命を許されたかっこうだ。

ところが、その大海人が天智の死後半年も経たないうちに挙兵する。「亡帝の山陵造営に徴発された人夫たちがなぜか全員武装している」。そんな報告を受け、「このまま黙って滅ぼされるわけにはいかない」と立ち上がったのだ。まだ服喪期間中だが、頓着なしである。

近江朝廷側が人夫たちに武装させたのは、天智死後の大海人の動きを警戒していたからだ。落飾して吉野に隠棲したとはいえ、かつての皇太弟は必ずや天智の死去に乗じ、舎人らを率いて大津京に舞い戻ってくる。大友皇子らはそれを怖れた。大海人は仏門に入っていても皇位への執着を捨てていない。そう見抜いていたから防衛を怠らなかった。そして、それが皮肉にも大海人に挙兵の口実を与える結果となる。怖れは現実となった。

もっとも、大海人にしてみれば、もともと皇太弟として天智の信任厚く、やがては皇位を継ぐべき身であった。それが大きく狂ったのは、ひとえに兄の心変わりによる。弟に代えて寵愛する実子大友皇子を後継に据えたい。天智はそう願うようになった。すげかえられる方としては堪ったものではない。

大海人の不満爆発

こういうエピソードがある。天智七年（六六八）のこと。天智が重臣たちを琵琶湖畔の高殿に召して、酒宴を催した。その酒宴で盛り上がっているさなか、皇太弟大海人がいきなり長槍で敷板を刺し抜くという乱暴を働く。天智は驚き、激怒して大海人を捕らえて殺そうとするが、内大臣藤原鎌足に固く諫められ、ようやく思いとどまったという。

このエピソードは『大織冠伝』（『家伝』上）という鎌足の伝記に伝わる。編者は藤原仲麻呂。曽祖父鎌足の顕彰を目的としているが、仲麻呂は聖武・孝謙・淳仁といった天武系天皇の下で権勢をふるった人物だから、あえて大海人を悪しざまに書くことは考えられない。鎌足の諫止を強調するためにやや大海人の行為を強調した可能性はあるとしても、まず事実を伝えているとしてよい。

大海人にこのような乱暴を働かせたもの、それはむろん兄の変心である。皇位継承者としての地位が危うくなった大海人が鬱積した不満を爆発させたのである。酔余の愚行といえばそれまでだが、自分を疎んじる兄への抗議であり、「次に天皇となるのは自分であるはずだ」との強い自負の表れでもある。

天智はこれを咎めて手討ちにしようとした。やり過ぎのようにも見えるが、案外本気だったのではないか。大海人はわが子大友の即位を脅かし、いつか王権を簒奪しかねない。かねてそう案じていたはずだ。これを機に大海人の抹殺を考えたとしても不思議ではない。

先にもふれたが、のちに病床で死を悟った天智は譲位の甘言を弄して大海人を陥れようとする。これはさすがに大海人に悟られたが、彼をして政治から身を引かせ、都から遠く吉野に追いやることには成功する。

壬申紀によれば、この大海人の都落ちについて、「虎に翼を着けて放《はな》てり」と言う者がいたという。同趣の表現は漢籍にも見られるので、まもなく反乱を引き起こす伏線として

『書紀』編者が配したものかもしれない。

しかし、実際のところ、大海人は兄への誓いを守り、吉野で余生を仏道修行に捧げようなどと殊勝なことを考えていただろうか。そんなことはない。文字通り、虎視眈々と兄の死を待ち、挙兵の機会をうかがって乾坤一擲、ついに王権簒奪をはたすにいたるのである。兄に疎んじられて以来燃やし続けてきた野心を実らせたのだ。

それが紛れもない事実であった。にもかかわらず、壬申紀はその事実をあえて伝えていない。自らの身を守るため、やむにやまれず兵を挙げた。そんな控えめな書きぶりである。吉川も言うように、王権簒奪は天武にとって弱みだったのである。

「不改常典」を黙殺

いうまでもなく、その弱みは反乱をおこして朝廷を打倒し、覇者として即位するといった異常なプロセスにある。いわば違法な、さらにいえば無法な即位だったのである。しかも、天武即位の違法性・無法性はそれだけではない。当時実定法として存在した皇位継承法を完全に黙殺した。このことも忘れてはならない。

その実定法は「不改常典《ふかいじょうてん》」とよばれる。これは慶雲四年（七〇七）七月に元明天皇が即位した時の詔を始め、以降の多くの天皇の即位詔に言及されている。正確には「近江大《おうみおお》津宮《つのみや》に御宇《あめのしたしろしめ》しし大倭根子天皇《おおやまとねこすめらみこと》の、天地と共に長く日月と共に遠く改《かわ》るまじき常《つね》の典《のり》と立て賜い敷き賜える法《のり》」のこと。大倭根子天皇、すなわち天智天皇が恒久不変の法として制定・施行した法である。

この「不改常典」は残念ながら今日伝わらない。それゆえ、この法の実在を疑って、天智に仮託した架空の法にすぎないという説さえある。しかし、先の元明即位のころは、かつて天智に仕えた官僚たちがまだ元気に生きている時代だ。そんな時代に架空の法を天智に仮託するとは考えにくい。素直に天智が制定・施行した実定法としてよい。

その内容をめぐっては諸説あるが、諸天皇の即位詔では直系の皇位継承に関連して言及されているから、大筋において「皇位継承は直系とすべし」と規定した法であることはまず動かない。このような皇位継承法を天智が制定・施行したとすれば、それは天智十年（六七一）十月に皇太弟大海人が都落ちしてから十二月に天智が世を去るまでの間のこと。天智は死の床にありながら、わが子大友の即位に法的根拠を与え、これをより盤石なものにしようと最後の最後まで努めたのだった。

その「不改常典」を大海人は当然のことながら、一顧だにしなかった。法的根拠に支えられているはずの天智から大友へという直系の皇位継承。これを実力で阻んで即位したのである。この点からも、彼の即位の違法性・無法性は明らかである。ならば、天武によって「不改常典」は反故になったかといえば、そうではない。天武以降の皇統は途中に持統・元明・元正の中継ぎ女帝をはさみながらも、孫の文武、曽孫の聖武、玄孫の孝謙と直系が続く。この天武直系の皇位継承に際して、つねに法的根拠として持ち出してくるのが、なんとあの「不改常典」なのである。歴史の皮肉というべきか。

天智の「不改常典」は皇位継承の実定法として、それだけの重みを持っていたのである。天武はこの実定法を完全に黙殺し、この法のことを知るおおぜいの官僚たちの目の前で即位しなければならなかった。天武の弱みはこのような意味での違法性・無法性にも根ざしている。

弱みを乗り越える

それでは、王権簒奪者としての弱みをもつ天武はその弱みをどのようにして乗り越えようとしたか。

吉川真司によれば、天武について用いられる「神にしませば」の常套句は「王権簒奪者としての弱み」から「ことさらに言い立てられたものかもしれない」という。通説に捉われない、いかにも吉川らしい大胆な推測だ。

天武の神格化は自然発生的に生じたものではない。『万葉集』に柿本人麻呂が高市《たけち》皇子

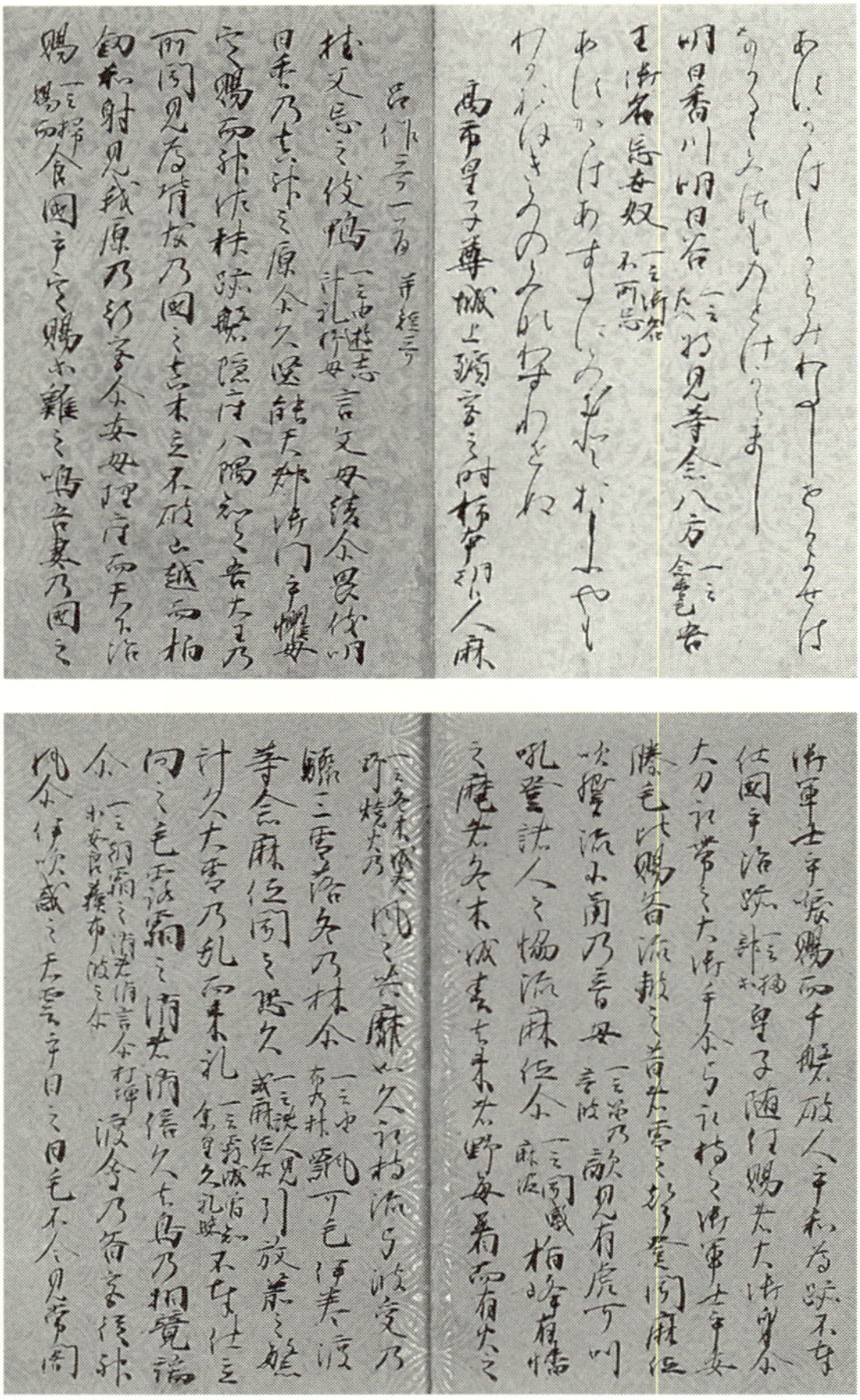

図6　金沢本『万葉集』巻2　皇居三の丸尚蔵館所蔵

の死を悼んで作った長大な挽歌があり（巻二―一九九番歌）、そこには皇子の父天武の乱での勝利と即位の叙事詩も詠みこまれている。国文学者の辰巳正明はこれを次のように再構成している。

天の命を受けて和蹔《わざみ》が原に天降った天皇は、天下を治め支配する国を定めるべく兵を起こし、壬申の乱によって敵（天智朝）を平定し、そのことによって飛鳥の真神《まかみ》の原に天つ御門《みかど》である浄御原宮を造営し、そこを都と定められた。

辰巳によれば、ここに見られる乱や天皇についての見方は、乱後の天武朝において形成された新王朝誕生の思想であったという（辰巳　一九八七）。「天の命を受けて」の「天」とは本来は中国の天命思想でいう天（天帝）であり、「天降った」の「天」とは日本の神統思想における天（アメ）、つまり神々のいます高天原《たかまがはら》のことである。二つの「天」は厳密には異なるが、おそらく天武自身も峻別していなかっただろう。辰巳説に従ってよいと思う。その上で、吉川の推測を私なりに次のように捉えなおしておきたい。

天武は壬申の乱を中国歴朝の創業に比すべき一大事業ととらえ、自らを新たな王朝の創始者と位置づけようとした。むろん、中国本来の易姓革命でないことは承知の上だ。日本固有の神々の命を天命として受け、自らも神として天降る形で皇位についた。そのように主張することで、王権簒奪者としての弱みを乗り越えようとしたのだろう。

記紀や『万葉集』によれば、壬申の乱において、天武（大海人）は近江朝廷軍との区別のために自軍に赤色の布や旗を用いたという。早く国文学者の井上通泰は、これを旗幟《きし》に赤色を用いた漢の高祖（劉邦）の故事にならったものとした（井上　一九二九）。

劉邦・劉秀に擬える

いささか出来すぎの感もある。後年作り出された伝説かもしれない。だが、たとえそうだとしても、天武を劉邦のような王朝創始者に擬えようという意識が天武朝以降に実在した。そのことは否定できない。

同様のことは、『書紀』の天武即位記事についてもいえる。

天皇、有司に命《おお》せて壇場を設けて、飛鳥浄御原宮に帝位に即く。

中国皇帝は即位に際して壇場を設け、その上に立って天より帝位を受ける。実際に天武がこれにならって中国風に壇場を設けたとも考えられるが、おそらくそうではあるまい。すでに『後漢書』光武帝紀に、この記事と瓜二つの即位記事が見られるからである。

光武、ここに有司に命せて壇場を設けて、（中略）皇帝位に即く。

『書紀』の編者がこの光武帝（劉秀）の即位記事を下敷きにして、天武の即位記事を中国風に飾った。ここはそうみるべきだろう。しかし、それでも天武を劉秀に擬えようという意識がやはり天武朝以降に実在した。劉秀もまた前漢滅亡後の混乱を平定して後漢王朝を創始した人物である。

天武は明らかに自身を中国的君主像に重ね合わせようとしたが、とりわけ劉邦や劉秀、さらには功臣顕彰の風をならった唐の李淵・李世民といった新王朝創始者たちに自らを擬えようとした。そのことはやはり注目すべきだ。

「天降った神」

同時に、天武は「天降った神」であった。そのように自らを神格化した。自身の発する詔勅の冒頭に

明神《あきつみかみ》と大八洲《おおやしま》御《しろしめ》す倭根子天皇《やまとねこすめらがおおみこと》勅命（『書紀』天武十二年正月丙午条）

の一節を配したのはその表れだ。

現人神《あらひとがみ》として国土を治める天皇の命令の意である。自らを憚ることなく神と呼んでいる。神格化は意図的・人為的になされたものである。

しかし、意図的・人為的になされたものであったがために、長続きはしなかった。『万葉集』で「神にしませば」と詠まれた天皇は、実は天武と持統（「或る本」では忍壁皇子《おさかべのみこ》）だけであり、天皇以外では弓削《ゆげ》・長《なが》の両皇子だけである。結局、神格化は天武を初代

とする皇統の二代目までにとどまった形である。

もっとも、後世になっても天平勝宝七歳（七五五）に大伴家持が「かけまくも　あやに恐し　神ながら　わご大君の……」（『万葉集』巻二〇―四三六〇番歌）と詠んだように、天皇を神とすることは観念の上では存続した。しかし、「大君は神にしませば」が天皇の現人神たることをストレートに強調しているのに対し、この「神ながら」やあるいは「神さびて」などは天皇についての定型的な修飾・述語表現にすぎない。

「大君は神にしませば」のようなストレートな即神表現が天武・持統とその皇子たちの世代に限って用いられたことは示唆的である。天武が推進した自らの神格化は、壬申功臣やその世代の人びとの間では功を奏しただろう。しかし、それはあくまでも、叛乱と新たな王権の樹立という未曽有の体験を共有する者がいる限りにおいてであった。神ならぬ天武が有限の生を終え、やがて功臣たちもこの世を去ってゆくと、早晩そのような神格化の基盤は失われる運命にあった。

天武による自らの神格化は、吉川の言うように王権簒奪者としての弱みを乗り越えようとしたものではあったが、当然彼に続く天皇の神格化をも企図するものであったはずだ。しかし、そのような意図的・人為的な神格化は、天武一代に限ってはともかくとして、結局は成功しなかったのである。

天智の政治的枠組みを継承

このようにして王権簒奪者としての弱みを乗り越えようとした天武であったが、一方で天智の遺した政治的な枠組みは継承した。天智三年（六六四）の冠位制や氏上制、同九年の庚午年籍、あるいは六官などの官僚機構、さらには先にもふれた唐風葬送儀礼も引き継いでいる。天武は現実主義者である。天智から引き継いだといえば、先にもふれた「不改常典」もそうである。天武自身は黙殺したが、即位後は反故にせず、そのまま後世に残した。天智はこの法を実子大友への皇位継承のために定めたが、天武も草壁皇子を皇太子に据え、さらには孫の軽王《かるのみこ》（文武）への直系継承を考えていたはずだ。

日本は古来、皇位の継承は直系主義ではない。兄弟間継承が基本である。現に、天智の後は当初、弟の大海人が継ぐことになっていた。のちに天智はその慣例を改めて、中国の直系を基本とする帝位継承法にならった。そうして出来たのが「不改常典」である。

だから、自らを中国皇帝に擬え、新しい皇統を直系で継承させようとする天武にとっても、これは実に有り難い法なのだ。反故にするどころではない。皇統の将来を支える法としてまことに大切に受け継いだのだった。むろん、自身の弱み（非正統性）を証立てるような不都合な法ではある。それを今後に備えてあえて取り込む。現実主義者としての天武の面目はここにもある。

功臣の永世顕彰

さて、再び功臣顕彰に話を戻そう。天武は贈位の他にも、これを様々な形で行った。鼓吹や贈賻、あるいは問疾の例についてはすでにふれた。それらの類例として、ここでは大海人の命をうけて戦地で活躍した大分恵尺《おおきだのえさか》の場合をみてみよう。

功臣の子孫も顕彰

天武四年（六七五）六月、この恵尺が危篤に陥る。その報に天武は大変驚き、次のような詔を発して、外小紫《げしょうし》の冠位に昇進させる（『書紀』天武四年六月乙未条）。

汝《なんじ》恵尺は、私《わたくし》を顧みることなく公《おおやけ》のみを思って身命《いのち》を惜しまず、あの大きな戦いでは徹頭徹尾雄々しい心で働いてくれた。永遠にいつまでも慈《いつく》しみ愛《め》でたいと思う。それゆえ、汝がたとえ死んでも、汝の子孫にはきっと厚い褒賞を与えよう。

これは問疾でもあり、事実上の贈位でもあるが、目をひくのは、「危篤の本人は助からなくても、その子孫を功臣の子孫として厚遇する」と約束している点だ。これは「壬申功臣の顕彰は自分の代に限らず、自分の後を継ぐ天皇の代になっても行う」ことを前提とした約束である。

実際、天武の後を継いだ天皇たちは功臣顕彰を行った。すでにふれたが、贈位やそれにともなう贈賻もそうである。ただ、これらは天武の後継天皇の代といっても、せいぜい八世紀前半に功臣たちが全没するまでのことである。

ところが、功臣顕彰として行われたものの中には、それらよりはるかに後まで行われたものがある。それは功封《くふ》と功田である。文武の功を立てた者に支給される封戸と田のことで、壬申功臣に与えられたそれらを壬申功封・壬申功田という。

壬申功封

大宝元年（七〇一）七月、壬申功封について、天武の孫にあたる文武天皇は次のような二つの勅を発した（『続紀』大宝元年七月壬辰条）。

A　壬申功臣に対し、武功のランクにしたがって封戸を与えよ。

B　天武天皇は壬申功臣の武功を論じて、次のように封戸をお与えになった。

村国《むらくに》小依《おより》には、一二〇戸。
当麻公《たいまのきみ》国見《くにみ》・郡犬養連《あがたいぬかいのむらじ》大侶《おおとも》・榎井連《えのいのむらじ》小君《おきみ》・書直《ふみのあたい》知徳《ちとこ》・書直尼麻呂《ねまろ》・黄《き》文造《ふみのみやつこ》大伴・大伴連馬来田《まくだ》・大伴連《おおとものむらじ》御行《みゆき》・安倍普勢臣《あべのふせのおみ》御主人《みうし》・神麻加牟陀《かみのまかむだの》君《きみ》子首《こびと》には、各々一〇〇戸。
若桜部臣《わかさくらべのおみ》五百瀬《いおせ》・佐伯連大目・牟宜都《むげつの》君比呂・和尔部《わにべの》臣君手には、各々八〇戸。

以上の一五人は、封戸の数に違いはあるが、武功のランクはみな中第である。よって、大宝令の規定にもとづき、それぞれの功封の四分の一を子に伝領させせよ。

このうちB勅によれば、村国小依以下一五名が天武から功封を与えられたという。いつのことか。佐藤信は彼らのカバネが「八色《やくさ》の姓《かばね》」（天武十三年）より古いことを手掛かりに、その時期を遅くとも天武十年（六八一）十月以前、もし功封が生前に与えられたとすれば、天武五年六月以前と推定した（佐藤　一九九七）。功封が死後与えられた明確な事例はないから、私は乱後天武五年六月までの比較的早い時期とみてよいと思う。

その支給時の何らかの記録が大宝元年七月B勅のベースとなった。佐藤はさらにそう推定している。四半世紀以上も前に書かれた功封支給関係の記録を天武以後の政権当局は受け継ぎ、保管してきたのだ。

「汝がたとえ死んでも、汝の子孫にはきっと厚い褒賞を与えよう」。天武は瀕死の恵尺にそう約束した。しかし、これは何も恵尺一人に限った約束ではなかった。佐藤の推定によれば、天武の支給した壬申功封は、受給した功臣が死んでもその子孫に全額伝えられるものだったという。

もっとも、B勅はこれに制限を加えている。壬申の乱での武功を一律中功とした上で、制定まもない大宝令にもとづき、功臣の死後は四分の一に減額し子の代に限って伝世させると言っている。天武個人の強い意志によって行われてきた功臣顕彰も客観的な法制度の枠内に置かれることになったのだ。

功臣顕彰の新段階

天武自身による壬申功封の支給対象者は、以上の一五名に後述の高《たか》田新家《だのにいのみ》を加えた一六名にほぼ限られたらしい。功臣が八〇名以上いたことを考えれば、思いの外少ない。ただ、未来永劫にわたって全額伝世を許すとなれば、自ずとその対象者は限られるだろう。

ところが、先の大宝元年のA勅では、文武が新規に壬申功封の支給を命じている。天武の孫の代。三〇年近くも前の戦功に対し、新たに功封を与えようというのだ。これはどういうことか。

むろん、B勅の制限とセットである。この制限にしたがえば、天武の既給分に加えて今回新規に支給しても、壬申功封は全体として減少を続け、近い将来すべて収公。新規対象者といっても、みな老齢の、あるいは老齢を迎えつつあるロートルの功臣たちである。

天武が定めた「功封は子々孫々まで全額伝世」の方針を大宝令によって撤廃する一方で、「功臣が存命している今のうちに功封を与えておこう」。A勅からはそんな意図が伝わってくる。功封は近い将来すべて収公と見越しつつ、功臣顕彰は大いに行う。孫の文武天皇の代ともなると、顕彰による功臣の政治利用といった面が顔を覗かせるようになる。

天武は王権簒奪の弱みを疑似的な易姓革命ととらえて乗り越えようとした。当然、壬申の乱は創業の聖戦である。覇者天武亡き後、皇太子草壁の早逝、皇后持統の即位と年少の皇孫文武への譲位、文武の早逝、女帝元明・元正の中継的即位と、天武の後継王権の行く手には予想外の難局が待ち受け、さらに既定路線の聖武（天武の曽孫）の即位やその後の皇位継承にもたえず不安要因がつきまとった。天武の後継王権は決して磐石ではなかった。

そんな王権下にあっては、体制を引き締めるために、つねに王権の原点である聖戦への回帰を演出する必要があった。乱後数十年にして、あえて聖戦のベテラン（勇士）たちを称える。彼らを頼みに、その聖戦によって生まれた王権への忠誠を臣下に求めたのである。

そのような演出は、乱後実に半世紀以上を経ても行われた。それは神亀四年（七二七）十一月、朝堂で行われた聖武天皇の皇子誕生を祝う宴でのことだ。

顕彰されたベテラン

出席した官僚たちのうち、五位以上には天皇より真綿が恩賜され、さらにその中でも「累世の家の嫡子」には別に絁《あしぎぬ》一〇疋が加給されたのだが、正五位上調《つきの》淡海《おうみ》と従五位上大倭《やまとの》五百足《いおたり》の両名は、この「累世の家の嫡子」ではない。にもかかわらず、特別に加給の例に預かった。『続紀』は両名の高齢をその理由として挙げているが、それだけが理由ではない。五百足については不明（当時、大倭国造《やまとのくにのみやつこ》）だが、淡海については明確な政治的理由があった。

このときを遡ること五五年余り。聖武の曽祖父大海人（天武）は吉野で蹶起し進軍を開始した。つき従ったのは僅か二〇名ほどの舎人たち。その中に若年の淡海もいた。聖武の時代には、七〇代後半から八〇代に達していただろう。さすがに稀少となった聖戦のベテラン。しかも「元従の功臣」だったのだ。

あえて高齢の淡海を聖武の皇子生誕を祝う宴に出席させ、伝統的名族の嫡子ら（「累世の家の嫡子」）とともに特別の禄を与える。聖戦の勇士への顕彰である。これによって、ともすれば風化しがちな遠い時代の聖戦を官僚たちに今一度思い起こさせ、覇者の王権への忠誠を求める。そのための演出である。

聖武は淡海らへの加給を終えると、ただちに詔を発し、皇子を皇太子に立てると宣言する。生後間もない乳飲み子の立太子である。最初から宴の目的は、官僚たちの忠誠心を呼び覚まし、この異例の立太子を認めさせること。そこにあったのだ。天武―草壁直系の聖武は、その王権存続のため、功臣顕彰という演出を行った。聖戦の勇士淡海は利用されたのである。乱関係者としては伝わらないが、ともに加給された五百足もまた、淡海同様ベテランだったかもしれない。

それはともかく、このような功臣顕彰は、功臣たちがすべて没した後も、さらにその子の世代が没した後でさえも、長く続けざるをえなかった。壬申功封の実際の伝世はそのことを示している。

すでに述べたように、大宝元年のB勅は、功臣没後の功封を法にもとづき子に限って減額伝世するものとした。天武個人の「子々孫々への全額伝世」という方針の撤廃である。ところが、功臣顕彰は実際には子の代までにとどまらなかった。さらに孫の代にまで及んだのである。

高田新家。先の一五名の中には見えないが、彼もまた天武から功封を支給された功臣である。当初は二〇戸、その後倍増して四〇戸となった。大宝三年（七〇三）七月頃に死去。翌年七月になって、その功封（中功）の四分の一（一〇戸）を子の首名《おびとな》に伝えることが許された。ここまでは大宝令の規定通りだ。ところが、その後この功封は子にとどまらず、さらに孫の足人《たるひと》にも伝世されたのである。

足人は伝世していた祖父の功封を天平宝字七年（七六三）、殺人を犯したかどで没収されたのだが、この時点ですでに乱後九〇年余り。氏寺《うじでら》の僧侶を殺《あや》めさえしなければ、おそらく乱後一〇〇年を経ても壬申功封の所有を認められていたはずだ。

八世紀後半の孝謙天皇にいたるまで、王権は侮りがたい反対勢力と対峙しながら、時に無理筋であっても、あえて天武―草壁直系の天皇を立ててきた。功臣当人はおろか、その子の世代も多くは世を去っているが、功臣顕彰の必要性は長く残ったのである。

むろん、新家だけではなく、彼以外の一五名の功封も、同様に伝世が許されただろう。一部ではあるが、このような形で天武の方針は後世にも生き続けたのである。

壬申功田

壬申功田は功封は次の一〇名の功臣に与えられた（括弧内は霊亀二年に伝領を認められた息男）。

①贈小紫	村国小依	一〇町	（従六位下　志我麻呂）
②贈大紫	星川麻呂	四　町	（従七位上　黒麻呂）
③贈大錦下	坂上《さかのうえ》熊毛	六　町	（正六位下　宗大）
④贈小錦《しょうきん》上	置始《おきそめの》宇佐伎《うさぎ》	五　町	（正八位下　虫麻呂）
⑤贈小錦下	文《ふみ》成覚	四　町	（従七位上　古麻呂）
⑥贈直大壱	文知徳	四　町	（従七位上　塩麻呂）
⑦贈直大壱	丸部《わにべ》君手	八　町	（従六位上　大石《おおいわ》）
⑧贈正四位上	文祢麻呂《ねまろ》	八　町	（正七位下　馬養《うまかい》）
⑨贈正四位下	黄文《きぶみ》大伴	八　町	（従七位上　粳麻呂《うるちまろ》）
⑩贈従五位上	尾張大隅	四〇町	（正八位下　稲置《いなぎ》）

もっとも、功臣当人に対する賜田の時期がわかるのは、実は⑩尾張大隅だけで、持統十年（六九六）五月のこと。他は不明である。しかし、天武朝に死去した①〜⑤の五名の場合、その贈位が天武十四年（六八五）以前の冠位制（天智三年冠位制）によるものであるこ

とから、生前天武より賜田されたことは自明だし、持統朝以降に死去した文知徳らにしても、大方同様であっただろう。

一〇名のうち、没年がもっとも早いのは①村国小依の天武五年（六七六）七月。壬申功田も功封同様、やはり乱後間もない天武初年に支給されたようだ。

天武の死後一〇年も経ってから賜田された⑩尾張大隅の場合は、むしろ特殊な事例だろう。他の九例の賜田額が一〇町以下なのに、彼だけ四〇町と桁違いなこともそのことを思わせる。他は尋常に天武初年に賜田されたが、大隅だけは何らかの事情で賜田が大幅に遅れ、しかも他を凌駕する額であった。そういう例外的な事例であったために、『書紀』に特記されたのではないか。

ともあれ、天武は功臣に対し、おそらくは乱後間もない時期に、功封だけではなく、功田も支給した。その対象も功封同様、功臣の一部に限られたようだ。だとすれば、さらに伝世の方針も功封と同じく、全額子々孫々に及ぶものであっただろう。

霊亀二年の伝世詔

その後、大宝二年（七〇二）に施行された大宝令では、新たに功田の伝世規定が設けられる。その規定では、伝世は功績のランク（大功・上功・中功・下功）によって異なる。大功は子々孫々、上功は三世（子・孫・曽孫の代）、中功は二世（子・孫の代）、下功は子の代までで、功封のように減額はせず、全額伝世である。これはやはり天武の方針に制限を加えるものであった。

ところが、この大宝令が施行されて十数年も経った霊亀二年（七一六）四月、先の一〇名の功田をそれぞれの息男に「賜う」という元正天皇の詔が出される（『続紀』霊亀二年四月癸丑条）。この「賜う」は亡父に与えられていた功田を子に伝領させるという意味だ。亡父の武功のランクとは無関係にである。

大宝令伝世規定を超えた超法規的措置。私はそう考える。というより、そもそも大宝令規定は適用されていなかったのだ。先の功臣たちは、早い者はすでに天武朝に没し、遅い者でも霊亀二年にはすべて没している。功臣の没後、各々の功田はおそらく天武の方針にしたがって、武功のランクを問うことなく、全額が子に伝領されていたのである。それは大宝令伝世規定が設けられてからも変わらなかった。結局、天武の後継王権は天武の方針を撤廃することなく受け継いだのである。

だとすると、霊亀二年詔の「賜う」とは、すでに個々に伝領済みの功田を改めて与えるということになる。これはつまり、すでに行われていた子への伝領を一括追認するということだ。元正天皇はそのことを官僚たちに向けて宣言した。

そこが重要である。乱後四四年、これもまた形を変えた功臣顕彰であった。元正は、中継女帝として、天武の曽孫首《おびと》皇子（聖武）の即位までの間、王権を無事に守る責務を負った。功臣顕彰が必要な政治状況だったのである。

武功ランクによる伝世措置

さてその後、さすがに天武朝以来の方針は見直され、大宝令規定通り、功田の伝世は武功のランクと関連づけられるようになる。それは二度にわたって行われた（『続紀』天平宝字元年十二月壬子条）。

一度目の時期については不詳である。霊亀二年（七一六）から天平感宝元年（七四九）までの間、孝謙天皇の時代から見て「先朝」に当たる時期。元正朝か聖武朝のどちらかだが、先の霊亀二年詔からある程度時間が経った聖武朝とみるべきだろう。この時、①村国小依、④置始宇佐伎、⑥文知徳、⑦丸部君手、⑧文祢麻呂の五名の功田について、武功はすべて中功と認定され、令規定により二世（子・孫の代）への伝世が決定した。

もっとも、④を除く四名については、すでに大宝元年（七〇一）七月、功封伝世についてのB勅で武功はすべて中功と認定されている。功田の伝世決定に当たって、これとは別に改めて武功のランクが認定されたのである。

二度目の方は時期がわかっている。孝謙朝の天平宝字元年（七五七）十二月。②星川麻呂、③坂上熊毛、⑤文成覚、⑨黄文大伴の四名の武功が中功と認定されて二世への伝世が決定し、⑩尾張大隅のみは上功と認定されて三世（子・孫・曽孫の代）への伝世が決定した。この時も⑨黄文大伴は、すでに大宝元年、武功を中功と認定されていたにもかかわらず、ここで改めて中功とされた。

もっとも、このように二度にわたって二世・三世への伝世を決定したといっても、すでに霊亀二年には子への伝世を認めているから、実質的には新たに孫・曽孫への伝世を認めたことになる。二度目の伝世措置を講じた天平宝字元年は、霊亀二年から四〇年が経っている。その間に、亡父から功田を伝領した一〇名の息男たちも、次々に世を去った。

そのうち、半分の五名（村国志我麻呂、置始虫麻呂、文塩麻呂、丸部大石、文馬養）は聖武朝のある時点までに亡くなっていた。政府は彼らの遺した功田について、初めて令規定にもとづき亡父たちの武功を認定し、伝世措置を講じる。残りの五名の息男たちも孝謙朝の天平宝字元年までにすべて没する。かくして政府は同様に二度目の伝世措置を講じるのである。

もっとも、前半の五名にせよ、後半の五名にせよ、実際には息男当人が亡くなった時点で、遺された功田はさらにその息男（功臣の孫）が伝領していたはずだ。二度の伝世措置とは、前後五名の孫たちがすでに伝領していた功田について、その現状を一括追認するものだった。ただその際、大宝令規定に則って武功のランクを認定した。その点は新しい。しかし、実際の伝領現状を追認する点では、先の霊亀二年詔と趣旨は変わらない。してみれば、これらの二度の伝世措置もまた、功臣顕彰であった。天武の曽孫聖武天皇の時代は先の調淡海のような功臣が辛うじて生存していたが、天武系最後の孝謙天皇の時代ともなると、さすがに功臣どころかその子供たちも多くは物故している。それでも功臣顕彰は依然として行われた。天武の後継王権はそれを必要としたのである。天武の方針はここでも後世に生き続けたのだ。

律令国家と壬申の乱

以上、天武の壬申功臣に対する厚遇を贈位・功封・功田を中心に見てきた。贈位はおそらくはほとんどの功臣に対してなされたのに対し、功封・功田は一部の功臣に限って与えられた。しかし、いずれにも共通しているのは、功臣は天武自身の生前はもとより、その死後も、また功臣本人の死後においても、長く厚遇するという天武の強い意志である。

何度もふれたように、天武はれっきとした王権簒奪者であり、そのことは彼にとって弱みであったが、その王権簒奪のための戦いである壬申の乱に勝ったことは、天武が創始した王権の原点であった。天武はその勝利を中国的な易姓革命に擬えて即位の正統性を主張し、その疑似的な易姓革命に寄与した功臣とその子孫を顕彰することによって、樹立した王権の正統性を不断に確保しようとした。

そのような功臣顕彰は天武王権の後継者たちにも受け継がれる。彼らは当初天武の顕彰方針を一部撤廃する方向をとる。しかし、一方で後継王権は盤石ではなかった。時に王権の原点に回帰して、官僚たちの忠誠心を呼び覚まさねばならない。これを演出する道具立てとして、功臣顕彰は必要であった。老齢の功臣を顕彰するだけではない。その子や孫を対象に、功臣なき後の功臣顕彰もあえて行った。こうして、結局天武の方針は受け継がれていった。

もっとも、壬申の乱を天武王権の原点とのみとらえるのは矮小にすぎる。この内乱は前史を含む日本律令国家の来歴を語る上で、不可欠にして画期的な出来事であった。それは後世の多くの歴史家の評価でもあるが、それだけではない。日本律令国家を牽引した当時の指導者層の認識でもあった。

その認識をよく伝えるものがある。天平宝字元年（七五七）十二月の太政官奏。先の二度目の伝世を定めた法令だ。実はこの法令は別に壬申功田に限ったものではなかった。その他も合わせて六種の功田について、先例に準拠しつつ伝世範囲を定めている。

では、このとき官奏が準拠した先例とは、どのような功績に対する功田であったか。それは乙巳《いっし》の変、壬申の乱、そして大宝律令の制定、この三つであった。

乙巳の変は乙巳年（六四五）、中大兄皇子や中臣鎌足らが起こした著名なクーデタ。蘇我入鹿を白昼暗殺し、蘇我本宗家を滅亡させた事件である。権臣の専横を実力で排除し、天皇への権力集中を実現させた。日本律令国家形成前史の起点となった事件だ。

大宝律令の制定は大宝元年（七〇一）。史上初めて、律（刑法）令（行政法）相俟《あいま》った体系的法典が制定されたのだ。日本律令国家の成立を画す出来事だった。

壬申の乱はこの二つと肩を並べているのだ。天平宝字元年といえば、すでに奈良時代の後半といってよい。実にそのころまで、日本律令国家の来歴の中で、壬申の乱は乙巳の変や大宝律令の制定と同じく、不可欠にして画期的な出来事だった。そういう認識が当時の国家指導者の念頭にあったのである。

本書冒頭で取り上げた淡海三船による漢風諡号「天武」の撰進。それが壬申の乱を戦って勝ったことに由来するものであることはすでに述べた。むろん、その三船の念頭にも、国家指導者たちと同様の認識が抜き去り難くあったことは間違いない。

この内乱を中国の易姓革命に擬えた天武は、功臣顕彰を子々孫々にまで及ぶ国家の方針として掲げ、その後継王権もこれを踏襲せざるをえなかった。その意味で、壬申の乱を律令国家形成史上の画期とみなす認識は、遠く覇者天武の意志に源を発し、その後の長年にわたる功臣顕彰の中で醸成されたものであったといえるだろう。

律令官人群の創出

現実主義者としての天武

天武は壬申功臣を厚遇した。「功臣は自分の死後も、また功臣の死後も、末永く厚遇する」そんな天武の強い意志によるものであった。そこに創業の功臣に対する彼の熱い思いを感じ取ることもできよう。

冷徹・現実的な天武

しかし、一方で、天武には冷徹で現実的な一面もあった。それは功臣を厚遇したといっても、贈位や賻物を主としている点に明瞭に表れている。むろん、功封や功田の支給といった生前の厚遇も行われたが、贈位や賻物にくらべると、はるかに対象者が限られていた。功臣に対する生前の厚遇は、基本的にはむしろ抑制されていたといってもよい。

それは功臣たちの官僚としての処遇についてもいえる。たしかに、美濃国の土豪にすぎなかった村国小依が乱での功績により錦冠を授与され、中央貴族官僚層に引き上げられたといった例もあるが、これは殊功による特例だった（野村 一九七〇）。

天武は臣下の大臣を一人も置かなかったことでも知られるが、実は大臣だけではなく、旧来の体制では大臣の下にあって国政を審議していた議政官も任命しなかった。この大臣や議政官となるには、天智三年冠位制では大錦以上、天武十四年冠位制では直広弐《じきこうに》以上の冠位をもつことが必要条件だ。ところが、のちに詳しく述べるように、天武はそのような上級冠位への昇進を抑制した。大臣・議政官を置かないために、あえてそうしたのだ。

それは功臣についても同様だった。天武はたとえ功臣であっても、大臣や議政官の任命資格が生じる冠位に昇進させることはしなかった。そればかりではない。実は羽田八国《はたのやくに》のように、功臣でありながら、その冠位を下げた場合すらある。

将軍羽田八国の降位

八国は壬申の乱ではもともと近江朝廷側の将軍として従軍したが、途中で投降してからは逆に大海人方の将軍として活躍した武人である。天武十二年（六八三）には大錦下の冠位を帯びていたことがわかるが、これはすでに天智朝に与えられていたものだろう。ところが、その八国の冠位は天武十四年冠位制施行後の朱鳥元年（六八六）には、直大参となっているのだ。表1によってわかるように、直大参は大錦下より明らかに格下である。

彼は天武十二年には、他の官人や技官らとともに諸国の境界画定といった重要な任務を命じられ、また朱鳥元年には、大弁官という当時の官僚機構の中ではかなり重要な地位にあった。カバネも最高級の「真人《まひと》」を与えられている。晩年の罹病に際しては、三人の得度（出家）を認められ、その死去に当たっては、功臣の例にもれず、やはり贈位が行われた。官僚としても氏族の地位についても比較的順調で、功臣としてもしかるべく厚遇を受けたといってよい。

にもかかわらず、生前の冠位については、まぎれもなく降位させられたのである。なぜか。おそらくはすでに天智朝に授かっていた「大錦下」が不都合だったのだ。議政官の任命資格が生じる冠位だからである。大臣・議政官を置かずに天皇親裁の体制をとろうとする天武にとって、議政官への任命資格が生じる冠位は、それへの昇進の抑制はもちろんのこと、現在すでに授かっている者についても、できれば降位しておきたかったはずだ。

ただ、天武といえども、乱後ただちに好ましからざる冠位に手をつけてこれを降すことは、さすがに憚られた。実はこれ自体興味深い問題であるが、日本古代の冠位・位階は、天皇の勅意によって昇位が行われる一方、逆に降位が行われることはほとんどない。八国の降位は、天武自らが定めた新冠位制への移行というタイミングを待ってようやく可能となったものだろう。

功臣であっても重用せず

このように、天武はたとえ功臣であっても、場合によっては降位までして、冠位の昇進を抑制した。大臣・議政官を置かない親裁体制の維持を優先したのである。これは一面で、天武が壬申の乱で圧服させ、政治的沈黙をよぎなくさせた大臣・議政官クラスの畿内豪族層を、乱後においてもいかに警戒していたかを物語っている。しかも、それは決して杞憂ではなかった。天武の死後、冠位昇進抑制策が緩和されると、旧来の豪族層による大臣・議政官が復活してくるからだ。王権と豪族層との妥協によるものだろう。

すでに述べたように、功臣たちは乱後間もない時期、天武から二度にわたって冠位の加増に預かった。しかし、この論功行賞としての冠位加増を除き、その後功臣であることを理由に叙位・任官上の厚遇を受けることはなかった。全般に冠位の昇進が抑制された天武朝はもとより、それが緩和された持統朝以降においても同様である。

先に、霊亀二年（七一六）に壬申功田の伝領を認められた一〇名の功臣息男を掲げたが、今一度これをご覧いただきたい（五五頁）。乱から四十数年を経て、その息男たちもすでに三〇代から四〇代、中には五〇代の者もいただろう。しかし、彼らの帯びる位階は六位から八位。お世辞にも高位とはいえない。功田こそ伝領したが、功臣の父を持ったことで彼らの官僚としての地位が格別上昇したわけではない。

功臣の多くは畿内の中下級豪族や地方豪族といった卑姓の者たちであった。天武は八色《やくさ》の姓《かばね》によって豪族身分秩序の再編を図ったとされる。しかし、功臣の出身氏族に対しては、たとえば黄文造《きふみのみやつこ》氏を黄文連《きふみのむらじ》氏とするといった小幅な地位の上昇は行っても、一挙に朝臣《あそん》や宿祢《すくね》といった最上級のカバネを与えることはしなかった。天武は功臣だからといって、代々永続的に高位に叙せられるような格段の地位の上昇を行わなかった。それは持統朝以降も同様である。

このように、天武は功臣を功臣であるがゆえに重用する、などといったことはしなかった。その方針は天武一代に限らず、天武の子孫の代にも受け継がれた。この点、唐の高祖や太宗とはいたく対照的である。高祖らは長孫無忌《ちょうそんむき》・房玄齢《ぼうげんれい》・高士廉《こうしれん》・李靖《りせい》・杜如晦《とじょかい》・魏徴《ぎちょう》・李勣《りせき》といった創業の功臣をしばしば重用し、宰相その他の高官に据えている。

一方、わが国の八〇名以上にもおよぶ壬申功臣の中で、大臣・議政官の地位にまで至ったのは、大伴御行と阿倍（布勢）御主人のわずか二人にすぎない。この両名にしても、功臣だからといってその地位を得たのではない。従来から大臣・議政官を輩出してきた畿内の大豪族であった。

結局、天武が功臣たちに対して取った処遇は、いたって現実的なものだった。たしかに、贈位や功封・功田により顕彰し、その栄誉を永く称えることに努めはした。しかし、生前に抜擢・重用したり、氏族の地位を一挙に引き上げたりはしていない。長い官僚制の伝統があり、官僚機構が成熟している中国とは異なり、これから律令制的官僚機構を構築してゆこうという未熟な段階にあった当時の日本において、朝廷を構成する中央・地方の諸豪族間の身分秩序に無用の混乱を生じさせることは得策ではない。

新王朝樹立の自負をあらわにし、大臣・議政官を置かずに天皇親裁の体制をとろうとする天武。だが、その政治を現実に行うためには、旧来の諸豪族層を自分の王権の官僚として再編し組織化する以外に方法はない。そして、そのためには、その身分秩序を大枠において温存することが求められる。天武が功臣の叙位・任官において冒険的な処遇を行わず、現実主義に徹したのは、当然であった。

新官僚機構の構築

周到で現実的な戦略

天武は功臣たちを重用することはしなかった。大臣・議政官を置くことを避けながらも、基本的には旧来の諸豪族層を官僚として組織せざるをえなかった。

しかし、彼は旧官僚機構について、何も手を付けることなくそのまま引き継いだのか。むろん、そんなことはない。覇者として樹立した王権には、それを支える官僚機構が必要だ。これは何としても構築しなければならない。天武はそのための布石を打つ。周到にも即位前からだ。壬申の乱終結後の十二月、論功行賞として行われた功臣への大規模な冠位の加増がそれである。

この加増は実はたんなる恩寵ではなかった。天武の王権樹立のために戦ってくれた人々の冠位を最低でも「小山冠《しょうせん》」以上とした。これは忠臣たちをもって自らの官僚機構の中核に据えるということだ。天智三年冠位制において小錦冠《しょうきん》はのちの五位に相当する。つまり、小錦冠以上はのちの五位以上で、官僚機構の上層部、上級官僚層である。今回の加増で、忠臣に小錦冠以上を与えて官僚機構の指導部要員としたこともあっただろう。

しかし、のちに述べるように、天武は総じて小錦冠以上の上級冠位への昇進を抑制したから、このとき加増した者の大半には大山冠《だいせん》・小山冠を与えたと考えるべきだ。大山冠はのちの六位、大山冠以下はのちの六位以下で、小錦冠以上と対比すれば、官僚機構の下層部で下級官僚層ということになる。しかし、より重要なのは実務官僚であるということだ。大山冠以下は少数の小錦冠以上の領導を受けながら実務を担ってゆく大多数の官僚たちの冠位である。彼らなくして官僚機構はまったく成り立たない。

その広範な実務官僚層の中で、最上位の大山冠・小山冠の官僚たちは中核に位置づけられる。そこに天武は壬申功臣の多くを配置したのである。一部を除き、旧近江朝廷の官僚たちを赦免して三か月ほど。その官僚機構を温存せざるを得なかった事情はすでに述べたが、彼らを全面的に信頼していたわけではあるまい。古今東西、革命やクーデタで権力を掌握した者の孤独は深い。猜疑心もまた計り知れない。

覇者天武も忠誠を尽くした功臣たちを自らの王権を支える官僚機構の中核、それも実務官僚層の中核に送り込み、官僚機構を引き締め、行政を万全なものとする。

これは自らの官僚機構を構築するための周到かつ現実的な戦略なのである。しかも、天武は即位後もこのような戦略を次々と打ち出してゆく。

即位時の加増

即位直後の天武二年（六七三）二月に再度行われた壬申功臣への冠位加増。これまた同様の戦略にもとづくものであった。

この加増について、『書紀』は「勲功ある人らに爵《しやく》を賜うこと差《しな》あり」と短く記すのみである。前年十二月の加増に続く二度目の加増となるが、具体的なことは何もわからない。ただ、これは即位二日後に行われた。

前回の加増は褒賞を名目に、功臣たちの地位を引き上げ、実際には彼らの協力を得ながら官僚機構を構築しようとするものだった。今回の加増も単なる褒賞ではない。「戦時同様、即位後の自分（天皇）を官僚として支えよ」。そんな功臣たちへの協力要請が読み取れる。なぜ、そこまで読み取れるかといえば、この後、多くの天皇が即位時に冠位・位階の加増を行うようになるからである。

たとえば、天武崩御後、三年余りに及ぶ称制を経て皇后から即位した持統天皇は、有位の官僚の一階加増を命じた。夫帝天武が構築した官僚機構全体の協力を取り付けようとしたのである。また、天武の曽孫に当たる聖武天皇は、即位時とその後の二度に分けて都合六一名の重臣・上級官僚の位階を加増した。即位までの道のりが決して平坦ではなかった聖武が官僚機構上層部に対して行った協力要請である。

聖武以後、奈良時代から平安時代前期にかけて即位した歴代の諸天皇も官僚たちの位階を加増した。そこには、あの淳仁や光仁、桓武の事例も含まれる。即位宣命では「一人二人」と言いながら、実際には数十名もの位階を加増した事例である。これらもまた、切迫の度合いは区々《まちまち》だが、自分を支える官僚たちへの協力要請の意味合いがあった。

古代にあっては、一見平穏無事な即位のように見えても、何がしか不安定要素を抱えているものだ。先の淳仁の場合も、権臣藤原仲麻呂の庇護の下に即位したが、その一年前には皇族・有力貴族を中心とする広範な反仲麻呂勢力が摘発・弾圧されていた（橘奈良麻呂の変）。権力基盤は決して盤石ではない。即位に際して、自らを支える仲麻呂派の官僚たちに協力を要請する必要があった。

さらに、その淳仁を実力で廃位して即位（重祚）した称徳天皇の場合は、天武と同じく、即位前にも位階の加増を行っている。称徳は聖武の娘で、父帝の譲位をうけて孝謙天皇として即位するが、その後、仲麻呂の台頭にともない、彼が擁立する淳仁に譲位して上皇となった。

称徳からのアナロジー

ところが、やがて淳仁・仲麻呂と隙《げき》を生じ、自身は政僧・道鏡を寵愛するに及んで両者との対立は激化する。反仲麻呂派は次第に復権し、仲麻呂政権は頽勢《たいせい》をたどる。追い込まれた仲麻呂はついに失地回復のクーデタを画策。これを察知した上皇側は機先を制し、兵を淳仁の住む中宮院に差し向け、皇権のシンボル（駅鈴《えきれい》と天皇の印璽《いんじ》）奪取に成功する。仲麻呂軍は敗走して政権は崩壊。仲麻呂は処刑、淳仁は廃位の上淡路に配流され、旧仲麻呂派の主要な官僚たちは中央官僚機構から追放（恵美押勝の乱）。かくして孝謙は二度目の皇位につく。

これからわかるように、称徳は天武と同じく、平時の尋常な手続きで即位した天皇ではない。武力を発動して今上より皇位を簒奪した覇者、いわば武の女帝なのである。その称徳は、仲麻呂政権打倒後、即位に先立ち、まずは「親王・大臣の胤および逆徒を討つに預かる諸氏の人ら」八三名の位階加増を行っている。むろん、勲功をあげた者への褒賞を名目とする協力要請である。

ついで、称徳は即位当日に二度目の位階加増を実施する。これはきわめて大がかりな加増となった。五位以上は九七名（男官五四名、女官四三名）。これだけでもかなりの数だが、このときは、乱のさなか実務官僚としての職責を果たした六位以下についても、すべて一階加増した。その数は想像もつかない。官僚機構全体への大規模な協力要請である。

「善　導」

注目すべきは称徳の即位宣命だ。彼女はその中で、加増対象となった官僚たちに次のように命じている（『続紀』天平神護元年正月己亥条）。

今後も緩み怠ることなく、もろもろの劣った人々に教え促し、ますます精勤せよ。

「もろもろの劣った人々」とは何か。仲麻呂政権への関与の度合いによって、政権崩壊後も追放にまではいたらず、官僚機構に残ることが許された旧仲麻呂派の官僚たちのことである。称徳は与党となった官僚たちに対し、官僚機構内に残された旧仲麻呂派官僚たちを「善導」するよう求めたのだ。

即位前・即位時の二度にわたる位階加増。かつての天武による二度の冠位加増と酷似している。称徳は天武の玄孫として、天武直系を非常に強く意識した天皇だった。天武の先例を踏襲したものか。そんな深読みの誘惑にもかられるが、これは控えるべきだろう。

ここではむしろ、この称徳の事例から天武の二度の冠位加増の意図を類推すべきだ。武力によって政権を打倒し、自らの新しい政権を樹立しようとするとき、不可避的に直面する官僚機構の構築（建て直し）の問題。この問題については、たとえ九〇年の時を隔てようと、両者の対処法に基本的な違いはないのである。

称徳は新政権に残存する多くの旧仲麻呂派官僚に神経を尖らせ、乱で称徳側に立った官僚たちの地位を引き上げて旧仲麻呂派を「善導」させようとした。そのはるか九〇年前、打倒した旧近江朝廷の官僚たちに天武もまた神経を尖らせた。称徳同様、壬申功臣たちの地位を引き上げ、旧官僚たちを「善導」させようとしたはずだ。そんなアナロジーが可能となる。

結局、天武の二度にわたる功臣たちへの冠位加増とは、旧来の官僚機構の中で優越的な地位を与え、彼らに旧近江朝廷の官僚たちを「善導」させようとするものだった。その名目は功臣への褒賞である。しかし、それにとどまるものではない。自らの手足となる官僚機構を構築するための最初の戦略であった。

たとえ平時であれ、新たに即位した天皇は既存の官僚機構をそのまま受け継ぐのではなく、多少なりとも有用な組織としておくことが望ましい。戦争に勝った天武が褒賞を名目に戦略として行った即位時の冠位加増。これをのちの平時の天皇が踏襲した理由はそこにある。

この加増はやがて即位を自ら慶祝するいわばご祝儀的な加増へと変質してゆく。それでも、古代においては、天皇の即位は必ずしも順調であったとはいえない。先に述べたように、称徳にいたっては天武同様、武力をもって皇位を簒奪した。天武に始まるこの加増は、時代の経過とともに変質を蒙りながら、「官僚機構の構築」という本来の目的に近いものを長く持ちつづけたのである。

一方で、これが壬申功臣への褒賞として始まったことも注意しておきたい。この即位時の冠位（位階）加増は煎じ詰めれば、壬申の乱を契機として生まれ、長く後世にまで伝わった天皇による官僚統治技術の一つであった。

「大舎人制」の導入

天武はやはり即位後早々、官僚機構の運用に必要な人事システムの整備に着手する。天武二年（六七三）五月に畿内の中央豪族に発した詔にそのことが見える（『書紀』天武二年五月乙酉条）。

今後出身する（官僚となる）者には、まず大舎人として出仕させよ。その後、その才能に応じた官職につけよ。

この詔について、古代官僚制研究をリードした野村忠夫は、大舎人への出仕を官僚見習いと推定した上で、「大豪族の子弟も中・小豪族からの出身も一律に扱うという、才能主義の理念が打ち出されている」と評価した（野村　一九七〇）。八世紀初頭に確立する律令国家は、官僚を門地・家柄ではなく、才能によって任用する才能主義の理念をもつ国家だ。だから、ここで才能主義を打ち出したことは、律令国家の建設を推進した天武にふさわしい政策である。野村はそう言っているのだ。

のちの律令国家にはやはり大舎人という制度が設けられ、これはたしかに「官僚見習い」であった。野村の評価はこの大舎人を天武二年にそのまま遡及させたものだ。しかし、律令国家の大舎人は六位以下（中・小豪族）の子弟たちを対象とする。これを豪族の大小に限らずすべての子弟を対象とした天武朝の大舎人と同一視するのは無理がある。

筆者もまた、天武朝創設の大舎人に「官僚見習い」という性格があったことは否定しない。しかし、その「官僚見習い」の職がなぜ「大舎人」なのか。野村はそのことにふれていないが、ここに天武の深い戦略的意図が込められていると思う。

トネリとは

「大舎人」とは、「大」の字を冠してはいるが、要するに「舎人」（トネリ）である。では、なぜ舎人なのか。トネリとは、トノイリ（殿入り）を語源とし、鎌田元一の研究によれば、五世紀代以降、ユゲヒ（靫負）・カシハデ（膳部）さらにはトノモリ（殿部）・モヒトリ（水部）・カニモリ（掃部）・カドモリ（門部）などのトモとともに、大王の王宮に出仕したという（鎌田 二〇〇一）。

しかし、それらのトモの中にあって、大王との君臣関係がもっとも緊密だったのは、王宮内に日常的に参入して大王に近侍したトネリだった。後世、平安時代になっても、君臣が一堂に会する儀式の場では、一般の官人をあえて「トネ」（＝トネリ）と呼ぶことが行われた。かつてのトネリこそ、官僚のあるべき祖型。古代日本では、そんな観念が長く残存しつづけたのだろう。

そして、この観念は、すでに七世紀後半の天武朝にもあった。唐にならった官僚機構が構築されてゆくこの時代にあって、その官僚機構に入ろうとする者に、まずはかつてのトネリのように天皇に近侍させる。官僚機構が巨大化し、天皇と関係が希薄になるからこそ、この全員のトネリ初任を制度化しておく必要があった。さしあたり、そのように考えることができる。

天武とトネリ

ただ、右の出身法の詔は他ならぬ天武によって発せられた。しかも、乱後未だ十か月にも満たない時期に。そのことを見過ごしてはならない。

壬申の乱に勝利を収めた天武。降伏した旧近江朝廷重臣層を沈黙させた彼は、自らを中国の皇帝に擬え、膝下に巨大な官僚機構を構築してゆこうとする。しかし、その機構を構成すべき者の多くは、依然として旧近江朝廷を構成した豪族層だった。

天武が壬申功臣たちの冠位を二度にわたって加増し、彼らを実務官僚層の中核に据えて機構を引き締めたことはすでに述べた。官僚機構構築のため、功臣たちを戦略として利用したのである。

だが、彼の戦略は功臣の利用だけにとどまらなかった。目下は無理だとしても、やがては王権を支える子飼いの分厚い官僚群を創出する。そのためにはどうしたらよいか。おそらくは、そういう課題に直面していたはずだ。これに答える戦略として天武が考案した新しい人事システム、それが大舎人制であった。

そして、これは壬申の乱を経験した天武ならではの独創だった。かつて、天武（大海人皇子）が大津から吉野の地に落ち延びた際も、またその吉野から東国に向けて進軍を開始した際にも、終始天武に従ってこれをよく助けたのはトネリたちだったからだ（当時は皇子にもトネリが近侍した）。

身命を投げ打ってでもおのれと運命を共にしようとしたトネリたち。その姿を目の当たりにして、天武は彼らこそ真に官僚として信頼するに足ると体感したはずだ。その経験にもとづき、天武は初めて官僚となる者をすべてこのトネリに任じ、わが身に近侍させることにした。本来、天皇と官僚は、緊密な君臣関係によって結ばれる。そのような観念を天武自らが駆け出しの官僚たちに直接植え付けようとした。筆者はそう推測している。子飼いの官僚群の創出。大舎人制の導入はそのための重要な戦略だった。

天武はこのトネリをそれまでの舎人と区別する。「大」（オホ）を冠して「大舎人」（オホトネリ）としたのは、天皇近侍のトネリであることをことさらに強調するためだろう。やがて、浄御原令官制を経て、八世紀初めの大宝令官制の段階にいたると、官僚機構がより一層巨大化する。それにともなって官僚の数も増加。大舎人制により天皇がすべての新人官僚たちと緊密な君臣関係を維持することは、物理的にとうてい不可能となる。いきおい、大舎人はたんなる官僚見習いにすぎないものとなってゆく。

そのような現実に直面して、王権は天武以来の方針を一部修正。従前の大舎人の枠組みは下級官僚（六位～八位）の子が最初に就く官僚見習いの職として残す。同時に、新たに内舎人という枠組みを設定。上級官僚（五位以上）の子・孫九〇名に限定して、天皇との緊密な君臣関係を体得させる。こちらに天武設置の大舎人の役割を担わせたのである。その際、従来の「大舎人」と区別しつつも、あらためて天皇のトネリであることを強調するために、今回は皇室をさす「内」（ウチ）を冠して「内舎人」としたものだろう。

ともあれ、この天武二年（六七三）の「大舎人制」はいかにも彼らしい施策であった。かつて、自身のトネリとして忠誠を尽くした功臣たちを顕彰しつつも、決してそのことのみで彼らを重用することはしない。一方で、経験上感得したそのトネリの制度としての長所については、巧みに新しい人事システムの中に取り入れ、自らの王権を足元から強化してゆこうという。まことに現実主義的な戦略である。

もっとも、このように若い世代に期待して子飼いの官僚群を育てようとする戦略は、当面旧来の諸豪族層に多くを依存しなければならない即位直後の状況では、当然にして唯一の戦略であったかもしれない。

なお、本書では以降、現在も普通に使われている「官僚」の語より、同義で歴史用語の「官人」の方を主として用いることとしたい。このときの出身法を皮切りに、天武は律令官人群（律令制にもとづく官人群）、とりわけ下級官人群の形成を本格的に開始したからである。

下級官人群の形成

天武五年の出身法

さて、天武二年（六七三）の出身法は畿内のすべての中央豪族を対象にした法であった。上級豪族であれ下級豪族であれ、子弟たちはみな等しく大舎人から出仕する。しかし、その後、上級豪族の子弟は「小錦下」（天智三年冠位制）以上の冠位を与えられて上級官人となるが、これは全体としてはおそらく一〇〇名にもみたない。圧倒的多数を占めるのは下級豪族の子弟たちだ。こちらは生涯「大山上」（同上）以下の下級官人にとどまる。だとすると、この出身法は、実質的には下級官人群の形成を図る法であった。

下級官人群の形成。これこそ、天武が強く意識し、つねに注力した課題だった。そのことは、三年後の天武五年四月に出された詔からもわかる（『書紀』天武五年四月辛亥条）。

畿外の者で官人として出仕したいと願う場合は、臣・連のカバネをもつ者の子や伴造の子、かつての国造の子について許可する。但し、それ以外の者であっても、優れた才能をもつ者は出仕を許可する。

「臣・連のカバネをもつ者の子や伴造の子、かつての国造の子」とは要するに地方豪族の子弟である。これらが中央で出仕する場合、それは下級官人以外にはありえない。地方豪族の子弟はこれまでも兵衛（トネリ）として中央に出仕していたが、彼らの多くはやがて帰郷し、評督・助督など地方官人として在地に臨む。今回の出身法はこの兵衛とは別だ。畿外からでも下級とはいえ、終生中央官人となることを認めたものである。

前回天武が初めて出身法を定めた時点では、中央官人群は畿内豪族をもって構成する方針だったのだろう。しかし、実際に官人群を創出してみると、畿内豪族だけでは足りない。とくに、実務を担う下級官人群はとても畿内豪族だけでは賄いきれない。そういう現実に直面する。そこで、当初の方針を転換し、畿外豪族からも中央下級官人として採用することにしたのだろう。

しかも、採用対象は豪族だけではない。右の但し書きで天武は豪族以外の者、つまり白丁でも、才能さえあれば中央官人として採用すると言っている。ここに、その才能を評価する法官（人事担当官庁）が裁量によって白丁を採用する慣例が生まれ、下級官人の粗製乱造という問題も生じてくるのであるが、それについてはのちに改めて述べよう。ともあれ、天武はあえて方針を転換し、採用対象を畿外豪族や白丁にまで拡げる新たな出身法を追加したのだった。彼の下級官人群形成にかける強い意欲を感じ取ることができる。

天武七年の考選法

同様の強い意欲は、五年後の天武七年（六七八）十月に出された考選法（勤務評定と昇進のための法）の詔からも読み取ることができる。

（『書紀』天武七年十月己酉条）。

すべての官人について、毎年、公平かつ精勤した者の優劣を各官庁が評価し、昇進させるべき冠位の階数を定め、正月上旬に法官に文書で報告せよ。法官はそれを校定し、その結果を大弁官（太政官事務局）に提出せよ（下略）。

この考選法は毎年の考（勤務評定）が直接毎年の選（昇進）に結びつく方式である。当然、毎年昇進してゆく可能性もある。のちの大宝令では六考（六年）、また慶雲三年（七〇六）の格では四考（四年）の選限（勤務評定期間）を設けているのにくらべると、はるかに昇進機会が多い方式だ。

ところが、この考選法の適用実態を調べてみると、意外な事実が明らかになる。「小錦下」以上やのちの「直広肆《じきこうし》」（天武十四年冠位制）以上に昇った者たちは、この方式の恩恵をほとんど受けていないのである。

具体的な事例を紹介しよう。佐伯広足《さえきのひろたり》と当摩広麻呂《たいまのひろまろ》。天武四年（六七五）四月の時点で広足は小錦下、広麻呂は小錦上だった。ところが、広足は考選法施行三年後の天武十年七月にも、まだ小錦下のままだったし、さらに天武十四年九月になっても、この小錦下を平行移動させた直広肆にとどまった。広足も同様だ。やはり天武十四年五月の帯位は、小錦上をほぼ平行移動させた直大参であった。毎年昇進はおろか、まったく昇進していないのだ。

天武七年考選法の恩恵を受けなかったのは、広足・広麻呂の両名だけではない。たとえば、持統朝に大納言に登用された大伴御行《おおとものみゆき》。功臣でもある。その彼でさえ、天武四年（六七五）三月には小錦上だったが、朱鳥元年（六八六）九月になっても、まだその小錦上を平行移動させた直大参にとどまっていた可能性が高い。天武朝では少なくとも一〇年以上もの間、昇進しなかったと見られるのだ。その他にも、上級冠位にあった者については、同様の例が少なくない。

天武五年の昇進機会

ところで、広足と御行はすでに天武四年（六七五）時には小錦下、広麻呂も同じく小錦上だった。そして、この三名は実は天武七年考選法の施行以前にも昇進の機会があったのだ。それは天武五年のこと。『書紀』はこの年七月のこととして、次のような記事を伝える（天武五年七月戊辰条）。

卿大夫（上級官人）と百寮諸人（下級官人）の爵を進めた。進めるにあたっては一律ではなく、差等を設けた。

「卿大夫」と「百寮諸人」。要するに、全官人のことだ。何の限定もつけていない。であれば、この時、上級・下級を問わず、全官人の冠位を昇進したと解してよさそうに思う。だが、早まってはならない。先の三名は、すでに見たように、天武十四年の新冠位施行を経た後も冠位は天武四年時のままだった。むろん、天武五年には昇進などしていない。彼らはまぎれもない「卿大夫」だが、爵を進めてもらえなかった。こんな「卿大夫」もいたのだ。先の記事は全官人の昇進を伝えるものではない。

では、彼らは例外だったのか。そうではあるまい。天武五年七月以前とそれ以後の冠位がわかる事例はこの三例しかない。むしろ、この偶然に知られる三例が三例とも昇進していない。この事実が重い意味をもつ。くわえて、大伴御行のような功臣にして有力な官人でさえ昇進を逸している。これも示唆的だ。

むろん、わざわざ「卿大夫」を対象として挙げている以上、その「卿大夫」の中には、爵を進めてもらった者もいるだろう。しかし、多くは御行らのように、昇進には預からなかった。私はそう推測する。天武は考選法導入以前の比較的早い時期から上級官人の冠位昇進を抑制してきたのである。

下級官人の昇進促進

それでは、「大山上」以下や「勤大壱《ごんだいいつ》」以下の下級冠位にあった者はどうだったか。天武七年（六七八）の考選法に話を戻すと、下級官人は逆に、この考選法の恩恵をしっかり受けていることがわかる。やはり具体的な事例を紹介しよう。物部麻呂は天武五年十月の時点で大乙上《だいおつじょう》だったが、同十年十二月には小錦下に昇っている。五年ほどの間に七階もの昇進を遂げたことになる。もう一人、都努《つぬの》牛甘《うしかい》の場合も、天武十三年四月に小山下だったのが、朱鳥元年九月には直広肆（小錦下相当）を帯びている。わずか二年半の間に六階の昇進を果たしている。

この考選法のもつ冠位昇進の促進的機能は、もっぱら下級冠位の官人たちに対して発揮されたようだ。彼らのごく一部は、やがて小錦下や直広肆以上に進んで上級官人となる。先の麻呂や牛甘は実はこちらに属する。しかし、大半はそうではない。生涯「大山上」以下や「勤大壱」以下にとどまる。正真正銘の下級官人なのだ。天武二年の出身法以後、徐々に子飼いの下級官人群が形成されつつあった。これを自らの専制政治の基盤として活性化すべく、冠位昇進において優遇する。それがこの考選法に込められた戦略的意図であった。

なお、考選法に先立つ天武五年の「百寮諸人」（下級官人）に対する「進爵」については、残念ながら、これを推測する直接的な手がかりはない。しかし、間接的な手がかりはある。同年四月に天武が追加的に出した出身法である。先にも紹介したように、これは畿外からも広く採用して下級官人群の拡充を図ろうとしたものだ。しかし、それとともに、先任の下級官人に対しては、地位関係のバランスに配慮して、広範にまずは「進爵」しておく。そういう事情があったのではないか。

要件の明示

さて、天武七年の考選法は「毎年、公平かつ精勤した者の優劣を各官庁が評価し、昇進させるべき冠位の階数を定める」と謳っているが、その優劣評価の要件は明示されていない。それを明確にしたのが天武十一年八月の詔で、「族姓」（門地・家柄）と「景迹《きょうじゃく》」（仕事）をよく確認した上で、優劣評価を行えと命じている（『書紀』天武十一年八月癸未条）。

「景迹」は当然のことで、ろくに官僚としての仕事をしていなければ評価のしようがない。問題は「族姓」である。門地・家柄を確認するとはどういうことか。端的にいえば、当人の属する氏族が大豪族か中小豪族か、それを確認するということだ。大豪族なら錦冠以上に昇進できるし、中小豪族ならそこまで昇進できないからである。

もっとも、これは従来からそうだったはずだ。ただ、この時期、天武は中小豪族の一部を大豪族に編入しつつ、豪族格付けの確定を行っていた。中小豪族の中には何とかして怪しげな理由を持ち出し、大豪族と同族であると申し立ててこれを認めてもらおうとする手合いもいた。そういう流動的な状況があったので、天武は「族姓」をよく確認せよと言っているのである。

とはいえ、この時期の天武による豪族格付けの確定は、結局のところ旧来の格付けを大きく改変することはなかったようだ。むしろ、大枠としては旧来の中小豪族層を固定化し、そのまま分厚い下級官人層とするものであった。

先の天武十一年詔で要件の明示に続けて、「門地・家柄が確定していない官人は、どんなに仕事ができても、考選の対象とはしない」とまで言っている。「門地・家柄が確定していない官人」とは、中小豪族から大豪族への上昇を目論む人々である。天武は一部引き上げを認めはした。しかし、中小豪族出身の下級官人が精勤により考選を通じて大豪族の上級官人の世界に進むことは、これを認めない、そうきっぱり宣言したのである。

これには、おそらく以下のような状況があった。それは、天武七年の考選法によって下級官人の冠位昇進がいやがうえにも促進され、多くの者が上級官人の冠位である錦冠の手前、山冠あるいはその近くまで殺到しつつある状況だ。

しかし、いかに有能で仕事ができ、これまで昇進に昇進を重ねてきてはいても、中小豪族出身の下級官人は所詮山冠が限度であり、ここからさらに錦冠に昇ることはできない。従来もそれは不文律としてあったはずだが、そのことを天皇自らが明瞭に宣言して釘を刺したのだ。一部が大豪族に格上げされる中で、新しい考選法というシステムを利用して上昇を図ろうとする中小豪族がいたとしても不思議ではない。だが、天武が意を用いたのはあくまでも下級官人群の形成と拡充であった。

天武十四年の新冠位

天武七年考選法による下級官人群の形成と拡充の過程で、天武はこのままでは彼らにあてがう冠位が決定的に不足すると予想した。そこで、この問題を解消するために施行されたのが、天武十四年（六八五）の新冠位である。

この冠位は一般臣下については、全四八階。冠位・位階史上最多の階数を擁する。従前の天智三年冠位は全二六階、後継の大宝令位階は全三〇階だ。試みに、この天武十四年冠位を除いて、その前後（天智三年と大宝令）を直接つないでみよう。そうすると、この間の階数の増加は想定される官人数の増加によく見合ったものとなる。逆にいうと、前後との脈絡を欠いて突出した天武十四年冠位の四八階はいかにも不自然だ。人為的に拡張された階数なのである。

ところが、この冠位も子細に眺めてみると、階数の増減には偏りがある。新制（天武十四年）の上級冠位一六階（直広肆以上）は前制（天智三年）の一二階（小錦下以上）からの漸増、いわば自然増である。これに対し、下級冠位三二階（勤大壱以下）は前制の一四階（大山上以下）からの一挙倍増以上なのだ。前制から新制への階数の大幅増加とは、実は下級冠位の大幅増加なのである。新制から後制（大宝令）への大幅減少についても同様だ。実際には下級冠位の大幅減少であった。

かつて、野村忠夫はこの冠位を天武七年の考選法と関連づけた。卓見である。この考選法の「毎年昇進の可能性」に着眼し、新冠位はこれに対応するものだったと推測したのである（野村　一九七〇）。

この推測は下級冠位については、間違いなく妥当する。この考選法によって下級官人の昇進促進を図った結果、既存の天智三年冠位では昇進させるのに必要な下級冠位が不足するようになる。かくして、昇進自体が困難を来すような状況になってきたのだろう。結局、天武十四年冠位とは、天武が下級官人群の形成と活性化を目的として編み出したもの。すぐれて政策的な冠位であった。だからこそ、下級官人群が確固たる存在として形成されると、もはや多数の下級冠位は不要となり、大宝令の位階では一挙に半減するのである。

ただ、それにしても、一挙半減とは荒っぽい。そんなことをすれば、それまでわずか一階であれ、序列に差があった者がいきなり同列となってしまう。官人たちの士気を削ぐことになりはしないか。そんな素朴な疑問を覚えるが、これについては後でふれよう。

冠位切替時の加増

さて、天武十四年（六八五）の新冠位がもっぱら下級官人を対象として編み出されたものだとすれば、一方の上級冠位を有する上級官人たちはどうであったか。従前の天智三年冠位の下、彼らが天武七年考選法の恩恵をほとんど受けなかったことはすでに述べた。しかし、逆に優遇措置かと思われるものも伝わっている。

『書紀』によれば、新冠位への切り替えに際して、草壁皇子ら五名の皇子たちに皇子限定の冠位「浄冠」が授与される。このとき、これ以外の「諸王・諸臣」にも「爵位の増加」が行われたというのだ（天武十四年正月丁卯条）。「諸臣」は「卿大夫」同様、上級官人をさす。とすれば、上級官人たちについては、平行移動ではなく、いくぶん加増される形で新冠位への切り替えが行われた。ならば、これは優遇である。ところが、やはり精査してみると、実際にはそんな形跡はない。たとえば、先の佐伯広足や当摩広麻呂、さらに御行の場合、天武七年考選法の恩恵を受けなかっただけではない。新冠位への切り替えに際しても、まったく加増されることなく平行移動にとどまった。

他に以下のような事例もある。天武十年（六八一）十二月に小錦下となった粟田真人は、新冠位が施行された後の同十四年五月には直大肆である。旧「小錦下」から新「直大肆」。加増されたといえるかどうか、微妙なところだ。ほぼ同時期の中臣大嶋や采女筑羅《うねめのつくら》も同様で、やはり「小錦下」から「直大肆」である。天武十三年正月に小錦中だった大伴安麻呂の場合は、朱鳥元年（六八六）正月に直広参。これまた微妙だ。

微妙だが、一方でこれらが「爵位の増加」ではない、とも言い切れない。ただ、そうだとしても、あまりに微々たる加増である。佐伯広足らのように明らかに加増されなかった例があり、先に紹介した羽田八国のように新冠位移行時に降位された例もある。天武は先の「進爵」や考選法に引き続き、この新冠位移行時の「爵位の増加」でも、上級官人たちの昇進にはやはり抑制的だったのである。

天武が上級官人たちの冠位昇進に抑制的だったのは、すでに述べたように、大錦冠以上（直広弐以上）に昇進させると、畿内の有力豪族層に対して議政官組織を置く根拠を与えかねないからである。推古朝の徳冠（冠位十二階）以来、大夫《マヘツギミ》などの議政官組織は長く特定の高位にある有力豪族によって構成された。天武のような専制君主であっても、その伝統を無視することはできなかった。

かくして天武は、上級官人については冠位昇進を抑制し、伝統的に保持してきた国政指導者層としての政治的発言力を封じた。彼らに対しては、個々の官庁の中で長官・次官級官職をあてがい、その運営に専念させたのである。他方、下級官人については逆に冠位昇進を促進し、かつて畿内の中下級豪族として特定の職掌で朝廷に奉仕した伴造《とものみやつこ》から名実共に分厚い実務官人群へと編成していった。

天武がわが国独自の律令の制定を命じるのは天武十年（六八一）である。飛鳥浄御原令の施行は天武亡き後の持統三年（六八九）まで降る。しかし、彼は生前独自の律令こそ手にしなかったが、律令官人法の要諦ともいうべき出身法と考選法を機敏に発令し、巧みに運用した。空前絶後の壮大な冠位もあえて創設する。これらの法制はすべて事実上、実務を担う分厚い下級官人群の形成を図ろうとしたものだ。大宝令制に直結する律令官人群は、こうして天武が自らの王権の基盤として育成し、管理・統制することにより、形成されていった。

その後の官人法

天武が繰り出した施策は一応の成果をあげたようだ。実は天武の死後、それらの施策は徐々に見直されるようになる。一見うまくいかなかったことを示すようだが、そうではあるまい。むしろ、分厚い下級官人群の形成という当初の目的が達成され、それぞれの施策がその役割を終えて新たな段階に進んだことを意味するものだろう。

天武七年の考選法はどうなったか。この法は毎年昇進もありうる思い切った制度で、実際に下級官人たちの昇進促進に寄与したはずだが、持統四年（六九〇）年四月には、次のように大きく姿を変える（『書紀』持統四年四月庚申条）。

中央官僚と畿内の地方官僚は、有位の者は六年間、無位の者は七年間を勤務評定期間とする。その間の上日（勤務日数）に応じて九等評価を行い、四等以上の者については、考仕令（勤務評定関係の諸令条）の規定にもとづき、善（官僚としての徳目にかなった者のポイント）・最（個々の職務を適切に行った者のポイント）・功能（業績と能力）・氏姓大小を勘案して冠位を授けよ。

勤務評定期間がそれまでの一年から、有位の者は六年、無位の者は七年と俄然長くなるのだ。出身して官人となった者は、まず七年間は勤務しないと冠位は授与されない。すでに冠位を得ている者も、昇進のためにはさらに六年間勤務しなければならない。それまでの考選法は、急ピッチで下級官人群を形成しようと天武が講じた措置だった。今やその必要がなくなったということだ。授位・昇進はもうゆっくりでよい。

そして、授位・昇進がゆっくりでよいとなれば、下級冠位に三二階もの冠位を設けておく必要はない。大宝元年（七〇一）の大宝令位階で一六階に半減したのも当然の成り行きではあった。

ただ、先にもふれたように、一挙半減とはいかにも荒っぽい。これが専制君主国家と言ってしまえば、それまでの話である。だが、そんなことをすれば、下級官人たちの士気を削ぐことになる。時の政権担当者がそのことに気づかないはずはない。

では、なぜこんな大胆なことができたのか。それは天武の創出した下級官人群にとって、冠位による細かい序列の差など、実はさして重要ではなかったからである。それまで冠位の上で一階二階下位にあった者がいきなり同列になってしまっても、士気には影響しなかったのである。

そのことは大宝令の六位以下の位階の実態でも裏付けられる。たとえば、天平十七年（七四五）当時の縫殿寮《ぬいとのりょう》という官庁では、允（判官）も少属（下級主典）も帯位は同じく正七位上だった。前者は上司、後者は下僚なのに、位階は同列なのだ。それだけではない。下僚の職階としては、両者の間に大属（上級判官）がいるのだが、彼の帯位は正七位下。下僚の少属より低い。完全に逆転している。

しかも、こういう六位以下官人の同列・逆転は他の官庁でもしばしば見られるのだ。これは五位以上では見られない。六位以下の下級官人にのみ見られる現象なのである。よく冠位・位階は天皇からの距離を表わす標章だといわれる。観念的にはその通りだが、実際にそのような意味を顕著にもつのは五位以上であって、六位以下となると希薄である。

六位以下官人にとって重要なのは、位階の上下よりも官職の上下であった。実務官人としての職階の上下には当然関心が向いても、官職を離れた臣下としての位階の上下には関心が向かないのである（虎尾　二〇〇六）。

天武の創出した分厚い下級官人群とは、そのような実務官人たちだった。天武は彼らの昇進促進を期して壮大な新冠位を創設したが、皮肉なことに当の彼らは冠位の上下にさして執着していなかった。だからこそ、のちにはいかにも荒っぽい一挙半減が可能だった。私はそう考えている。

暴悪の官人たち

天武の官僚機構

天武の殯宮

天武は早くから戦略をもって子飼いの官人群を養成した。とりわけ、分厚い下級官人群を創出しようと心がけ、ともかくもこれを達成した。それでは、これらの官人たちが勤務した飛鳥浄御原宮の官僚機構とはどのようなものだったか。

『書紀』には、天武の官僚機構が概観できる有名な記事がある。天武は朱鳥元年（六八六）九月にこの世を去るが、その亡骸は浄御原宮南庭に設けられた殯宮《もがりのみや》（喪屋）に安置され、種々の喪礼を受ける。その喪礼の代表的なものが誄《しのびごと》の奉上で、故人にゆかりのある個人や集団・組織の代表者が生前の故人とのかかわりを述べ、遺徳を偲び、今後の変わらぬ精勤を誓う。この時は四日間にわたって行われた。

図７　飛鳥浄御原宮中枢部の模型　奈良文化財研究所提供

初日は、壬生（皇子養育組織）の事を幼年の大海人を養育した大海氏の荒《あら》蒲《かま》が誄したのを始めとして、諸王の事を伊勢王が、宮内の事を県犬養大伴が、左右大舎人の事を河内王が、左右兵衛（地方豪族子弟の中央出仕者）の事を当《たい》摩国《まのくに》見《み》が、内命婦《ないみょうぶ》（女官）の事を采《うね》女筑羅《めのつくら》が、最後に膳職《かしわでのつかさ》（天皇の食事調進組織）の事を紀真人が、それぞれ誄した。

この日の誄は、天皇に親しく近侍してきた諸集団からのもので、各集団を統率ないしは管轄する官人がその任に当たった。ただ、これらの集団はまだ官庁組織の形をとるにいたっていない。

これに対して、二日目と三日目は、当時存在した主要な諸官庁からの誄である。各官庁の代表者が殯宮に出向いて、以下のように次々に誄を捧げた。

（二日目）
太政官　布勢御主人《みうし》　（直大参）
法官　石上麻呂　（直広参）
理官　大三輪高市麻呂　（直大肆）
大蔵　大伴安麻呂　（直広参）
兵政官　藤原大嶋　（直大肆）
（三日目）
刑官　阿倍久努麻呂《くぬまろ》　（直広肆）
民官　紀　弓張　（直広肆）
諸国司　穂積虫麻呂　（直広肆）

三日目は諸官庁からの誄の後に、大隅・阿多の隼人と倭・河内の馬飼部氏（馬飼部の伴造氏）による誄もあり、さらに四日目には百済良虞《くだらのろうぐ》が百済善光《くだらのぜんこう》の代理として参上し、亡命百済王家である百済王氏の誄を捧げ、その後は各地の国造（一国一員で神祇管掌）たちがめいめいの誄を捧げた。

天武晩年の官僚機構

ここでは、二日目・三日目に登場する諸官庁が目をひく。のちの大宝律令による中枢官庁は、最高中枢である太政官と国政諸部門を分掌する八省（中務・式部・治部・民部・兵部・刑部・大蔵・宮内）によって構成される。その原型が認められるからだ。

たとえば、法官は式部省の前身で、和訓はどちらも「ノリノツカサ」。同様に、理官は治部省（オサムルツカサ）、大蔵は大蔵省（オホクラノツカサ）、兵政官は兵部省（ツハモノノツカサ）、刑官は刑部省（ウタヘタダスツカサ）、民官は民部省（タミノツカサ）のそれぞれ前身にあたる。このように、天武朝には、のちの律令制官僚機構の中核部分がその姿を現していた。

もっとも、中にはすでに前代に創設されていた官庁もある。天智朝やそれ以前の官僚機構は実はほとんど不明だが、『書紀』は大化五年（六四九）に「八省百寮」が置かれたことを伝えている。「八省」は後世の文飾だとしても、何がしかの官僚機構が設けられ、徐々に整備され発展してきたことは想像に難くない。

天武への誄奉上二日目に、太政官についで登場した法官。『書紀』によれば、実はこの官庁が天智十年（六七一）までにすでに設置されていたことは確実である。だとすれば、この法官などを統括する太政官相当の最高中枢官庁も存在したはずだ。ただし、天智十年当時の法官大輔《たいふ》（上級次官）が亡命百済人の沙宅紹明《さたくじようみよう》であったことは示唆的である。

法官の後身式部省は人事官庁として重きをなすが、両者の和訓「ノリノツカサ」の「ノリ」とは、朝廷の規律、礼法全般を表わす語で、本来この官庁は規律・礼法のオーソリティーとして、その規律・礼法を定め、官僚たちを統制・管理するために設けられた官庁なのである。

天智十年当時、その法官の幹部の地位に、朝鮮半島出身者が就いていた。規律・礼法の先進地域出身である。しかも、彼はその年初め、法官幹部として多大な貢献を果たしたとして、大錦下の高位を授与された。兵法・薬学・儒教・陰陽などで寄与した他の半島出身者とともにである。そのことも伝わっている。これは逆に、この時期の法官がいまだ基礎固めを必要とする草創期にあったことを示している。

天智は軍事（兵法）・医療（薬学）・儒教・天文（陰陽）といった諸分野とともに、規律・礼法や官僚の統制・管理を国家運営の最重要分野とみて、それぞれに造詣の深い渡来人たちに指導に当たらせた。これは明治政府が近代国家建設に向けて、欧米からのお雇い外国

料金受取人払郵便

本郷局承認

6771

差出有効期間
2026 年7月
31 日まで

郵便はがき

1 1 3-8 7 9 0

東京都文京区本郷7丁目2番8号

吉川弘文館 行

愛読者カード

本書をお買い上げいただきまして、まことにありがとうございました。このハガキを、小社へのご意見またはご注文にご利用下さい。

お買上**書名**

*本書に関するご感想、ご批判をお聞かせ下さい。

*出版を希望するテーマ・執筆者名をお聞かせ下さい。

お買上書店名	区市町	書店

ふりがな ご氏名		年齢　　歳　男・女
〒 □□□-□□□□	電話	
ご住所		
ご職業	所属学会等	
ご購読 新聞名	ご購読 雑誌名	

今後、吉川弘文館の「新刊案内」等をお送りいたします(年に数回を予定)。
ご承諾いただける方は右の□の中に✓をご記入ください。　□

注 文 書

月　　日

書　　名	定　価	部　数
	円	部
	円	部
	円	部
	円	部
	円	部

配本は、○印を付けた方法にして下さい。

イ. 下記書店へ配本して下さい。

(直接書店にお渡し下さい)

(書店・取次帖合印)

書店様へ＝書店帖合印を捺印下さい。

ロ. 直接送本して下さい。

代金(書籍代＋送料・代引手数料)は、お届けの際に現品と引換えにお支払下さい。送料・代引手数料は、1回のお届けごとに500円です(いずれも税込)。

＊お急ぎのご注文には電話、FAXをご利用ください。
電話 03−3813−9151(代)
FAX 03−3812−3544

人に軍事を始めとする技術・学問の指導に当たらせたのとよく似ている。どちらも、新しい国家の建設を急速に進めようとして行った政策だ。

天智十年の渡来人たちへの褒賞（高位授与）は、天智のその政策が一応の成果を挙げて一区切りついたことを示している。このころには、法官などの官僚機構もかなりの程度まで形を整えていただろう。

とはいえ、当時はいまだ草創期にあった。その官僚機構を支える律令官人群、とりわけ下級官人群の創出は、すでに述べたように、天武朝に入ってから戦略的に、そして積極的に進められ、徐々に果たされていった。天武晩年の官僚機構は、天智朝末年に現出していた官僚機構を引き継ぎながらも、天智朝とは比べものにならない膨大な数の官人たちをともない、律令制下に直結する新しい人事評価制度が運用されるようになっていった。天武が自らの専制支配のために、あらためて創設し直した官僚機構でもあった。

もっとも、八世紀以後の大宝律令にもとづく官僚機構にくらべると、天武晩年のそれは規模もまだかなり小さい。のちの八省のうち、中務省と宮内省に相当する官庁はいまだ姿を現わしていない。官庁組織の形をとらない天皇近侍の集団もあった。殯宮で初日に誄を奉上した諸集団である。

たとえば、天武が早くに創設した大舎人集団は、その晩年には左大舎人集団と右大舎人集団の二つに分かれたが、八世紀以後の左右大舎人寮のような官庁組織の形態をとることなく、天皇に直属した。直属といっても、両集団の統率・管轄に当たる官人はいた。天武晩年には皇親の河内王がその任に当たったようだ。

同様に、地方豪族の子弟が上京して就く左右兵衛の集団も、のちの左右兵衛府のような官庁組織ではなく、そのまま天皇に直属し、その統率・管轄は中央の上級官人が当たった（天武晩年には当摩国見）。これらの構成原理は内実は異なるにしても、外形的には伴造《とものみやつこ》に率いられて大王に奉仕するかつての部《べ》集団のそれである。天武晩年にいたっても、天皇に近侍する官人集団は、古い部集団の構成原理のまま編成されていた。過渡期でもあったのである。

幹部官僚層の封じ込め

天武殯宮での誄奉上からわかるのは、官僚機構の概観だけではない。天武による上級官人の冠位抑制についてはすでに述べた。ここでは彼がそれをいかに徹底して行ったかを具体的に知ることができる。

誄を奉上した官人たちの冠位。これが手がかりとなる。冠位がわかる官人たちのうち、諸王二名を除く一二名について見ると、もっとも高い者で直大参、もっとも低い者で直広肆。のちの大宝令の位階でいえば、五位の枠にピタリと収まっているのである。直広弐以上（四位以上）の冠位を持つ者が一人もいない。また、残る諸王二名の持つ浄冠は諸臣の直冠に相当するが、両名の浄大肆や浄広肆もやはり五位である。

つまり、三日にわたって誄を奉上した官人たちのうち、冠位がわかる一四名のすべてが五位なのである。これはむろん偶然ではない。問題は彼らがおのおの官庁や官人集団において、どのような位置にあったかだ。直冠や浄冠を持っているのだから、当時の上級官人であり、官庁・集団の幹部クラスであったことは間違いない。では、長官か次官か。トップかサブか。

すでにふれたように、法官以下六官はのちの大宝令によって設置された八省の前身である。八省の場合、長官は四位の者、次官は五位の者を任命するのが原則であった。そこで、この原則を天武朝まで遡らせ、一四名は各々の官庁・集団の次官・サブクラスとみる見方もある。彼らの上には実は直広弐以上（四位以上）の長官・トップクラスの上司がいたのだが、この殯宮ではあえて次官・サブが誄を奉上した。そう考えるのだ。

官庁や集団を代表して官人が誄を奉上する場合、その官人が官庁・集団の長官・トップであるとは限らない。次官・サブ説は大いにありえるが、ここでは成り立たない。もし、彼らが官庁・集団の次官・サブで、実は他に直広弐以上の長官・トップがいたとしたら、当時直広弐以上の上級官人が少なくとも十数名以上は実在していたことになる。そして、もしそうなら、必ずやその大半の名が『書紀』や『続紀』の随所（たとえば叙位・任官記事など）に伝わっているはずだ。しかし、そのような痕跡はまったくない。

だとすれば、実際にはそんなまとまった数の上級官人など実在しなかった。誅を奉上した官人たちは、各々の官庁・集団の長官・トップだったのである。天武は上級官人の冠位を抑制した。場合によっては、羽田八国のようにあえて降格までして、直大参以下（五位）にとどめた。そして、その上級官人たちを主要な官庁・集団の長官・トップに据えたのである。いいかえれば、官庁・集団の幹部官僚を直大参以下に封じ込めたのだ。

議政官のいない太政官

一四名の幹部官僚の中に、ただの一人も直広弐以上がいない。徹底している。なぜか。直広弐以上の冠位が徳冠（マヘツギミの冠位）の系譜を引くからだ（虎尾　一九九八）。天武は大臣を一人も置かなかった。ばかりか、他の議政官も置かなかった。後世、議政官（大臣・大中納言・参議）になるためには、四位以上でなければならなかった。例外はない。「五位は議政官になれない」。それが不文律であった。天武の時代にもあったはずだ。「直大参以下は議政官になれない」。天武が幹部官僚を直大参以下に押し止めたのは、これを逆手に取ったのである。

議政官は太政官の中核である。ところが、天武の時代の太政官には議政官がいない。殯宮で太政官の誄を奉上した直大参の布勢御主人も納言という官職にあったが、これは議政官ではない。のちの侍従や少納言のような天皇近侍の秘書・奏宣官にすぎなかった。この納言は、天武六年（六七七）には小野毛人《おののえみし》が、同九年には舎人王が在任していたこともわかっている。毛人の冠位は小錦中、舎人王は諸王五位だった。やはり御主人同様、「議政官になれない五位」であった。

ちなみに、毛人は同時に刑官の長官を兼ねていたし、舎人王は宮内の官人集団のトップでもあった。これらもまた、天武による幹部官僚の「五位」への封じ込めである。結局、天武は太政官に議政官を置かず、納言だけを置いて天皇国事行為の実務を担わせ、他の官庁・集団も幹部官僚を「五位」に封じ込めて自らの意志をよりスムーズに実現できるように努めた。下級官人はむろんのことだが、上級官人にあっても、冠位の低い方が当然統御しやすい。

中央から派遣されて地方を治めるのは国司であるが、天武はこの国司も低冠位に封じ込めた。しかも、より徹底した形でだ。天武五年、畿内と陸奥・長門両国以外の国司は、長官以下すべて大山位以下（六位以下）の官人をあてると命じたのである。

のちの大宝令では、諸国は大国・上国・中国・下国にランク付けされ、長官は中国・下国は六位（正六位下・従六位下）だが、大国・上国は五位（従五位上・従五位下）である。

ところが、天武は一部の要国を除き、諸国の国司に上級官人をあてなかった。直接自分の目の届かない国々の行政をあえて下級官人に委ねた。大宝令以前の国司は大宝令制下の国司にくらべ、認められた権限はかなり小さかったといわれている。長官以下の国司に下級官人をあてる以上、それは当然のことだ。育成に注力した子飼いの下級官人たちを国司として諸国に配置し、中央集権的な専制支配を実現する。それが天武の目論みではなかったか。

ひるがえって、議政官のいない太政官、上級ではあるが低冠位の官人を長官とする中央官僚機構もまた、天武が自らの専制支配を十全に行うための工夫であった。

忠勤しない官僚たち

官僚機構を配下におく君主にとってもっとも重要なことは、官人たちの忠勤である。仏作って魂入れずではないが、どんなに立派な官僚機構を作り上げても、そこで働く官僚たちが忠誠と勤勉に欠けて使いものにならなければ、官僚機構は少しも立ちいかない。

旧来の礼法に泥む

天智晩年には、規律・礼法を定め、官僚たちを統制・管理する法官が設置されていた。そのことはすでに述べたが、実は他にのちの大学寮にあたる学職も設けられていた。大学寮同様、官僚養成機関と思われる。天智十年、その長官である学職頭にはやはり亡命百済人の鬼《き》室《しつ》集《しゅう》斯《し》が起用されており、そこでの貢献が認められて、小錦下を授与された。官僚として必須の技能や知識の教授に努めたことだろう。

このような学職による官僚養成は、法官による官僚の統制・管理とともに、天武朝にも当然引き継がれたはずだ。それでは、その甲斐あって、天武は自身の忠良なる官僚群の創出に成功したか。中国的専制君主を目指した天武の下で忠勤に励む官僚群。そのような専制君主国家にとって有用な官僚群は順調に育成されたか。

それは大いに疑問である。朝廷内での礼法を例にとろう。天武十一年（六八二）、次のような勅命が下った（『書紀』天武十一年九月壬辰条）。

今後、朝廷内で跪礼《きれい》と匍匐礼《ほふくれい》を用いてはならない。孝徳天皇の時代に定められた立礼を用いよ。

匍匐礼とは四つん這いになって敬意を表すわが国固有の古礼である。跪礼とは両膝をつく礼法で、もともとは中国由来。朝鮮半島経由で伝わったが、これもかなり古い礼法だ。二つあわせて跪伏礼《きふくれい》ともいう。

この跪伏礼に対して、立礼は中国から採り入れた新しい礼法で、今日のように立ったままお辞儀をする。おそらく遣隋使が七世紀初頭にわが国に伝え、推古十二年（六〇四）に公式採用された。このとき跪礼は廃止されたが、匍匐礼の方は残った。新旧折衷という形をとったのである。

さらに、その新旧折衷から匍匐礼も廃止され、全面的に立礼だけが行われるようになったのが大化改新の行われた孝徳天皇の時代（六四五〜六五四）だった。天武の禁令はそれから三〇年ないしは四〇年近くも経っている。推古朝に跪礼が廃止されてからだと、実に八〇年近い。そんなに長い年月を経てもなお、朝廷内で跪伏礼を行う官僚たちがいた。覇者として即位して一〇年余り。専制君主天武の目の前にも、旧慣に泥《なず》んで一向に立礼を身に着けようとしない者が数多くいたのである。

下級官人に所作・礼法を教習

しかし、天武のこの禁令もさしたる効果をあげなかったようだ。二年後の天武十三年（六八四）閏四月、彼は次のような詔を発しているからだ（『書紀』天武十三年閏四月丙戌条）。

来年九月、必ず観閲を行うので、それまでに百寮の進止・威儀を教えよ。

この詔はのちに取り上げる「中央官人の武装化と戦闘訓練を命じる」詔と同日に出された。そのため、これもそれと一連の軍事関係の詔とみなされがちだが、『書紀』記事の配列からいって、不自然で根拠に乏しい。「進止・威儀」とは、所作・礼法のこと。「百寮」とは、下級官人のことを指すから、これは翌年九月を期限として、下級官人たちに朝廷内での礼法・所作を教え込むよう命じた詔と考えねばならない。旧来の跪伏礼に泥んで立礼を身につけようとしない官人たちとは、実際には主に下級官人たちであった。

しかも、それはごく一部ではない。一年半近くにもわたる長い教習期間を設けているのは、それだけおおぜいの下級官人たちに対して、正しい所作・礼法を叩き込む必要があったからだ。さらに、その成果を天武自身がわざわざ確認すると言う。禁令を出しても、従おうとしない下級官人たち。ここは一度時間をたっぷりかけて、旧慣に泥んだ下級官人たちを相手に、なかなか身に付けようとしない立礼はじめ、所作・礼法をじっくりと教えこむ。それだけやれば、旧慣を一掃できる。天武なりに成算もあったのではないか。

下級官人たちの教習に当たるのは、むろん法官（ノリノツカサ）である。この詔は法官に対する命令として出されたものだろう。すでに述べたように、法官は八世紀以後、大宝令の下では式部省となる。この省の重要な職掌の一つは「礼儀」だ。のちの令の注釈書によれば、この「礼儀」とは「朝廷の礼儀」、あるいは「礼節・威儀」のこと。先の詔が教習を命じた「進止・威儀」とほぼ重なる。やはり注釈書によれば、官人が朝廷内で「礼儀」を損なった場合、式部省が「教え糺《ただ》す」ことになっている。

また、この省は必要とあれば、官人たちを集めて礼法・所作の教習を行うこともあった。

正月元旦に行われる朝賀という儀式がある。官人たちが一堂に会して天皇に賀正の拝礼・拝舞を行う中国由来の重要儀式だ。弘仁九年（八一八）、この朝賀について、時の嵯峨天皇は勅を発し、

近年、賀正の臣（朝賀出席の五位以上官人）が拝礼・拝舞などの礼法を諳《そら》んじて出席すべきであるのに諳んじていない。そのため、所作を間違え、威儀を損ない、しかもその不体裁が慣例化して改まらない。

と咎めて、「所司が毎年十二月、予め官人たちへの教習を行え」と命じている（『類聚国史』七一元日朝賀）。「所司」とは管轄官庁というほどの意味。ここでは式部省を指す。この式部省が公卿《くぎょう》を除くすべての上級官人に対し、朝賀に備えて儀式の礼法の教習を行うことになったのである（ちなみにこの頃、六位以下の下級官人は、ほとんどが無断欠席する体たらくで、教習どころか、まずは朝賀に出席させることが先決だった）。さかのぼって、天武の時代の法官もまた、勅命に応じ、下級官人たちを相手に長期間にわたる大がかりな教習に当たったはずである。

しかし、驚くべきことに、この教習も、結局下級官人たちの旧礼を改めることはできなかった。これよりさらに二〇年ほどのちの慶雲元年（七〇四）になっても、相変わらず跪

伏礼の禁令が出されているからだ。そのことを『続紀』は「百官の跪伏の礼を停《とど》む」と伝えている（慶雲元年正月辛亥条）。「百官」とは、やはり六位以下の下級官人のこと。彼らは禁令にも従わず、法官による教習もむなしく、古俗の礼法を捨て去ろうとはしなかったのだ。あれほど育成に努めた下級官人たち。だが、笛吹けど踊らず。思うにまかせぬ天武の苦渋のほどが偲ばれる。

学ばない官僚たち

むろん、それは天武に限ったことではない。立礼の全面採用に踏み切った孝徳天皇以降、どの天皇もこの難題に悩まされた。先ほどの慶雲元年（七〇四）の禁令は天武の孫・文武天皇によって出されたが、実はこの禁令もまた失敗に終わったのだ。同四年、文武の死をうけて即位した母の元明天皇は次のような詔を出さざるをえなかったからである（『続紀』慶雲四年十二月辛卯条）。

先年、（文武天皇が）詔を出して跪伏の礼を禁止したが、今聞くところによると、内外諸官庁の前は本来厳粛な場であるのに、官僚たちは誰一人顧みない。立ち居振る舞いは礼法に反し、応答の仕方も規則に背いている。これは各官庁が秩序を敬わず、礼節を忘れてしまっているからだ。今後は厳しく糺弾を加え、官僚たちの悪しき習俗を改め、淳朴な美風に従わせるように。

跪伏礼は宮中の諸官庁でしぶとく生き永らえている。文武の禁令などどこ吹く風だ。元明は明らかに苛立っている。無理もない。この礼法は大叔父（孝徳）、叔父・舅（天武）、そしてわが子（文武）と半世紀以上にもわたって禁じてきた「悪しき習俗」である。その悪習がどうしても止まない。繰り返し禁じ、さらには教習までしてきたのに、宮中でやおら四つん這いになって前進したり、両膝をついてみせる官僚たち。この元明の苛立ちは晩年の天武の苛立ちでもあったはずだ。

たしかに、慣習化し身体に染み付いた礼法であれば、それを改めるのは容易ではない。しかし、この官人たちによる旧礼墨守は禁令を初めて受けた孝徳天皇の時代の官人だけではなく、その子や孫、曽孫の世代の官人たちにもそのまま引き継がれている。そこが不思議である。すでに立礼が公式礼法となって久しい時代になっても、官人たちは惰性的に父祖とまったく同じ礼法を身に着け、それを堂々と実践して恥じない。

古来の慣習にとらわれて、なかなか改められないということはある。しかし、それだけではない。官人たち、とりわけ下級官人たちは中国風の新しい立礼を進んで学ぼうとしなかった。立ったままのお辞儀とはいえ、立礼にもいくつか型がある。への字形に深く腰を折る「磬折《けいせつ》」、軽く上体を前に傾ける「揖《ゆう》」、二度拝礼を繰り返す「再拝」などだ。これらを場面や相手に応じて使い分けるのである。造作ないように見えても、その気になって学ばなければ、むろん身に着かない。

礼法にとどまらず

いつまで経っても学ぼうとしない官僚たち。だが、ことは礼法にとどまらない。一事が万事である。新しい礼法一つ満足に覚えられないのに、官僚たちは律令法や行政規則・細則をきちんと習得できたのであろうか。大いに怪しいと思う。先の元明天皇の詔でも、その一端を覗かせている。官僚たちは礼法違反だけではなく「応答の仕方も規則に背いている」というのだ。

さらにこの元明には、官僚たちの律令未習熟を厳しく叱責する詔もある。和銅四年（七一一）とその翌年に出された。前者は次のような内容だ（『続紀』和銅四年七月甲戌条）。

大宝律令を施行してから、すでに長い年月が経っているというのに、律令にもとづく政治はほんのわずかしか行われていない。ほとんど行われていないといってもよい。これは諸官庁の官人たちが怠慢で精勤を心がけていないからだ。各官庁は定員は満たして頭数だけは揃っているが、その実、政治は何も行われていない。

かなり手厳しい。官僚は頭数だけは揃っているが、どれもこれも怠け者で使い物にならないと言っている。ここでも元明は苛立ち、怒りをぶつけているのがわかる。それは中央諸官庁の中核メンバーと上京中の国司に向けて発した後者でも同様だ（『続紀』和銅五年五月乙酉条）。

施行以来かなり年月が経っているのに、あなた方はいまだに律令に慣れず、過失も多い。

大宝律令が施行されてからおよそ一〇年という時期である。行政法典である令だけでも、一〇〇〇条近い。むろん、律令施行に際しては、事前に官僚を対象とする講習も行われたが、習熟にかなりの時間を要することは理解できる。しかし、それにしても、一〇年は長い。その一〇年をかけても「いまだに律令に慣れず、律令による政治がほとんど行われていない」体たらくだという。これは元明ならずとも嘆かわしい。

しかも、実は官僚たちにとって、令は大宝令が初めてではない。持統三年（六八九）にはすでに飛鳥浄御原令が施行されているのだ。大宝令施行の一三年前のこと。浄御原令の具体的な内容は不詳だが、『続紀』の編纂者は「大宝令は浄御原令に準じて制定された」（『続紀』大宝元年八月癸卯条）と伝えている。新令（大宝令）が前令（浄御原令）の大綱を受け継いだものであることは間違いない。だとすれば、官僚たちは新令の習得を一から始めるのではない。前令をベースにこれを応用しながら、修正あるいは補足を加えて習得することができたはずだ。

しかし、これは官僚たちが熱心に前令の習得に努めた場合の話である。新令施行後一〇年の惨憺たる実状からすると、そもそもベースとすべき前令の習得すら覚束なかったのではないか。官僚たちの律令を学ぶ意欲が、大宝律令施行を境に急に減退したというわけではあるまい。もともとが律令の習得に熱心に取り組むような勤勉な人々ではなかったのである。

さかのぼって、天武の生前は律も令も未完成だった。だが、諸種の行政規則・細則は随時発令・更新された。当時の官僚たちは、当然それらをよく理解し遵守することが求められたはずだ。しかし、のちには国家の基本法典である律令の習得にすら不熱心だったのだ。はたして天武の期待に沿う精勤ぶりであったか、はなはだ怪しい。おそらく天武もまた、育成に注力して頭数だけは揃えた官僚たちが礼法に限らず、何事につけても進んで学ぼうとしないことに、業を煮やすことが多かったのではないか。私はそう想像する。

生き永らえた旧礼

もっとも、天武は中国的な専制君主を目指したはずの天皇である。その天武が学ぼうとしない官僚たちに手を焼く。それ自体、驚くべきことだ。さらに言えば、もどかしい。怠惰な官僚には厳罰をもって臨み、無理にでも学ばせればよいではないか。専制君主ならそれも可能だろう。だが、天武に限らず、日本古代の天皇はそんな強権的な手段に訴えることはほとんどないし、むしろ避けようとするのである。

先の礼法にしても、天武は跪伏礼の禁止を命じてはいるが、違反者を厳しく罰するとは言っていない。おそらく文武もそうだろう。元明は「厳しく糺弾を加える」（厳重注意）と言っているが、これはむろん処罰ではない。要するに、禁令を出しても、それを徹底させるだけの強制力をもっていないのである。だから、跪伏礼は実は平安時代に入ってもまだ生き永らえる。この古来の旧礼が完全に姿を消してようやく立礼のみとなるのは、なんと孝徳天皇の時代から一六〇年以上も経った弘仁九年（八一八）のことであった（大隅　二〇一一）。

天皇以外への拝礼禁止

天武に話を戻そう。八年（六七九）正月、彼は先に述べた朝賀について、次のような詔を発している（『書紀』天武八年正月戊子条）。

朝賀の儀式を挙行する日は、諸王および諸臣（上級官人）・百寮（下級官人）はすべて、父母・祖父母・伯（叔）父・伯（叔）母・兄姉と氏上（族長）に対するものを除き、賀正の拝礼を禁止する。諸王はたとえ母親でも非皇族の場合は拝礼禁止。諸臣も母親が卑母（格下の氏族出身）の場合は拝礼禁止とする。この卑母拝礼禁止は朝賀の日に限らない。以上の禁令に違反した者は、事案に応じて処罰する。

これは端的にいえば、元日は天皇以外の者に対する拝礼を原則禁止とするものだ。ただ、そうはいっても、父母・祖父母などの尊属や族長への私的な拝礼まで禁じることはできないから、これらを例外とした。

実際には、そのような尊属や族長だけではなく、親族・氏族の内外でもっと広範な賀正の拝礼が慣行として繰り広げられていたのだろう。専制君主を自負する天武にとって、それはいかにも不都合であった。元日は至高の君主たる自分が唯一の拝礼対象でなければならない。にもかかわらず、自分以外への拝礼がいたるところで行われている。その分、君主としての権威は毀損する。

ばかりか、当日諸王や官人たちがあちこちに出向いて年賀に勤しんでいたとすれば、肝腎の朝賀の方にはいきおい欠席する者も出てくる。私は別著で、平安初期の朝賀が多数の欠席者が出たことにより、儀式そのものが成り立たないような状況が生じていたことを指摘した（虎尾 二〇二一b）。程度の差こそあれ、すでに天武の時代にもその兆候が見られたのではないか。

唯一の拝礼対象であるはずの自分を差し措いて、ここでも頑なに慣行を墨守し、他者への拝礼を優先する諸王・官人たち。天皇の存在を蔑ろにしたおよそ忠良とはいい難い行いだ。これを毎年年頭、朝賀のたびに見せつけられる天武の苦々しさはいかばかりであったか。それでも彼は耐えてきた。

天武八年元日の賀正状況も相変わらずであった。即位後六年。ここでさすがの天武も堪忍袋の緒が切れた。朝賀において、意図的ではないにせよ、諸王・官人たちから蔑ろにされる。専制君主の権威は毀損する一方だ。かくして同月七日、天武は先の禁令（詔）を発出する。違反者への処罰という強権的な対応も謳っている。専制君主らしい禁令だが、逆に専制君主なら、それまでなぜもっと厳しく対処してこなかったのか、不思議なくらいである。それを手控えてきたこの間の彼の苦渋のほどが察せられる。

それでは、この禁令は効果があったのか。諸王・官人たちを古い慣行から脱却させ、毀損された君主の権威を回復させたのであろうか。残念ながら、捗々《はかばか》しくなかったようだ。というのも、その後二〇年ほど経った文武天皇元年（六九七）の暮れにも、再び次のような全く同趣旨の禁令が出されているからである（『続紀』文武元年閏十二月庚申条）。

正月に往来して賀正の拝礼を行うことを禁止する。もし、この禁令に違反したら、天武天皇の禁令によって処罰する。ただし、祖父・父・兄と氏上に対する拝礼は認める。この禁令は、二日後に新年を迎えようというタイミングで出されたものだ。その元旦にあちこち往来して賀正の拝礼を行う者が必ずや出てくると予想し、先手を打ってこれを抑止しようとしたのである。

つまり、天武の禁令にもかかわらず、依然として旧来の慣行に泥み君主の権威を毀損する人々が居続けたのである。だとすれば、天武が打ち出した「違反者への処罰」という一見強権的な対応も、実際には厳罰をもって臨むようなものではなく、比較的緩やかなものであった可能性が高い。だが、そのことはまた別に述べることとしよう。

畏怖しない官僚たち

さて、これまでの事例から、天武と官僚たちとの関係の意外な一面が浮かび上がってくる。専制君主天武は実は彼らからさほど畏怖されていたわけではない、という驚くべき一面である。そもそも、跪伏礼の禁止にしても、賀正拝礼の禁止にしても、天武の詔勅によって発令された。詔勅は漢語で、和語は「みことのり」。つまり、天皇のお言葉（みこと）を告げること（のり）で、本来は官僚たちを前に口頭で発せられた天皇からの命令である。

その詔勅にあえて従わない官僚たちが皇族も含めて存在した。彼らは覇者として即位した天武を畏怖していない。畏怖していれば、たとえ不本意でも、詔勅には従わざるをえない。ところが、従わない。それだけでも不敬だが、詔勅に従わずに私的な賀正拝礼を方々で行い、君主としての権威を毀損するとすれば、それは二重の不敬である。とうてい天武を畏怖する者のふるまいとは思えない。

もっとも、この私的な賀正拝礼にせよ、古い跪伏礼の墨守にせよ、あるいはおそらくはあったであろう新規の諸規則・細則への未習熟にせよ、これらにはまだ斟酌《しんしやく》の余地はある。古来より続く慣行や慣習から逃れがたいとか、識字力・読解力が低く学習環境も不十分といったやむをえない事情から、心ならずも君主の意図に沿えない。そういう場合も考えられるからだ。

しかし、天武配下の官僚たちについて、われわれはそこまで好意的である必要はない。なぜなら、彼らの中には公務に精勤しないばかりか、これをどうかして忌避しようとする者が少なからずいたからである。天武七年（六七八）十月の詔がその事実を伝えている。この詔は実はすでに紹介した考選法の詔（八七頁）と同一である。そこでは（下略）として省略した詔の後半にあたる。

公務により使者に任命されていた者が、いざ派遣される段になって、本当はとるに足

らない理由にもかかわらず、病気になったとか、また父母が亡くなったなどと言って
その使者の任を辞退した場合は、当年の昇進対象から除外する。

たとえば、ある中央の官僚が何か任務を遂行するために地方の国に赴くよう命じられる。命じられた以上は、どんなに気が進まなくても、行かねばならない。当然のことだ。だが、できれば行きたくない。そこで、本当はこれといった理由などないのだが、病気になったので行けないとか、親が亡くなったので喪に服さねばならないなどと嘘をついて派遣を逃れようとする。

これは使者としての職務の遂行を巧みに忌避しようとするものだ。体のよい怠業（サボタージュ）である。専制君主国家の官僚でありながら、与えられた職務の遂行を正当な理由もなく忌避する。心ならずも公務を全うできないといった代物ではない。むしろ、それを装った紛れもない怠業。悪質でもある。そんな官僚たちが君主を畏怖していないことはもはや明らかである。

後代に続く職務拒否

ところで、天武が発したこの使者の怠業禁止令はその後二〇〇年以上も生き続け、一〇世紀初めに成立した『延喜式』の中に収められている（式部上八五条）。

使者に任命された者が、その後に病気だと言ってきた場合は、式部省が真偽を確かめ、本当に病気ならば他の者に替え、詐病ならば律により処罰せよ。

これによって、使者の職務忌避が天武の時代以後も一向になくならなかったばかりか、むしろ猖獗《しょうけつ》を極めたことすらうかがわれる。天武の禁令では制裁は一年間の昇進停止であったが、これはさすがに抑止効果に乏しかったのだろう。そのことはまた別に取り上げるが、後年たまらず「律による処罰」つまり刑事罰に改めた。天武の時代に限らず、いつの世も使者の職務拒否には苦慮したのである。

そして、いつの世も多くの場合、忌避の口実には詐病が使われたのだろう。なるほど、現代のように医師の診断書があるわけではない。本人が自覚症状を訴えれば、他人がそれを否定することは困難である。急遽親が死んだことにする手もあるが、当座はよくても調べられればいずれ嘘がわかるから、得策ではない。官僚たちは君主を畏怖していないだけではない。なかなかしたたかなのである。

これは時代を経て、君主と官僚たちとの緊張関係が徐々に弛緩してきた結果などではない。すでに天武の時代からそうなのだ。覇者として即位した専制君主天武ですら、したたかな官僚たちから畏怖されず、時に彼らを使者として派遣しようとすると、巧みに忌避されてしまう。しかも、これを抑止しようと禁令を発しても、その横行はやむことなく、やがて後代にまで及んだのだった。

女官に取り入る官僚たち

天武は十年（六八一）には次のような詔も発している。これまた、当時の官僚たちのしたたかさを伝えている（『書紀』天武十年五月己卯条）。

官僚たちが宮人（女官）を恭しく敬うさまは、あまりに度が過ぎている。家まで押しかけて、自分の訴えを聞き入れてもらおうとする者もいれば、その家に賄賂の品を贈って媚びを売ろうとする者もいる。今後、もしこのようなことをする者がいたらそのさまに応じて、みな処罰する。

この官僚たちとは、原文では「百寮の諸人」。下級官人である。その下級官人たちが内裏に仕える女官に取り入ろうと、あの手この手でアプローチをかける。「恭しく敬う」とは空々しい。天武の痛烈な皮肉か。日ごろ天皇に近侍する女官に、下心をもって近づいてくるのである。いうまでもない。女官から天皇に口利きしてもらい、おのれの便益を図ろうという魂胆である。

敬うどころではない。女官を籠絡して、わがために利用する。下級官人はどんなに精勤し、どんなに功績をあげて国家に貢献しようとも、冠位の昇進は大山上で頭打ちとなる。

それを超えて小錦下以上に昇り、上級官人の仲間入りをすることはできない。それが下級官人の宿命《さだめ》である。しかし、彼らの中には、正面突破が無理なら搦《から》め手からとばかりに、私利の追求を懇意の女官に託そうとする、小賢しくもしたたかな人々が少なからずいたのである。

天武にしてみれば、日々女官たちから、「下級官人の誰某の便宜を図ってほしい」とか、「彼某に格別の計らいをしてやってほしい」といった口利きを聞かされるのだ。さぞや辟易したことだろう。

内裏は天皇と女官たちの空間だ。本来、男官のいない閉じられた空間なのだ（吉川一九九八）。その内裏で仕える女官たちの背後に、身勝手な要望を叶えようとする下級官人たちが蠢いている。それは忠良たるべき官僚の姿からは程遠い。天皇への畏怖など微塵もない。天武の不愉快、不本意は察するに余りある。皮肉交じりの詔からは、天武の落胆すら伝わってくる。下級官人群の育成に注力してきた天武であってみれば、それも無理はない。

これまで述べてきたように、官人たち、とりわけ下級官人たちの多くは天皇への畏怖を欠く人々だった。時にしたたかに職務を拒否し、また一方で私利の追求に走る者もいた。中国的専制君主を目指し、忠良なる官僚群の創出に注力した天武であったが、その出来映えについては、決して満足していなかっただろう。

下級官人群育成の難しさ

天武朝は律令国家の建設が急ピッチで進められた時代といわれる。その律令国家には、忠誠をもって君主に仕え、勤勉をもってその統治を担う官僚群の存在が不可欠である。だがむろん、そのような官僚群が人為を経ずに自然に出来上がってくるはずもない。旧来の豪族や官僚たち一人一人をそういう官僚に仕立て上げねばならないのだ。とうてい短い時間でできることではない。

そもそも日本の古代においては、忠誠や勤勉を美徳とする社会規範などなかったに等しい。そのことを示唆する状況証拠もある。七世紀初頭に制定された憲法十七条は官僚としての心構えを説いた訓令だが、その第三条に

詔を承りては必ず謹め。（詔をうけたまわったならば、必ず謹んで従え）

とある。あまりに当然すぎて、一見不要にすら思える。だが、そうではなかったからこそ、

このような訓令が定められた。そう考えねばならない。七世紀初頭においては、詔を発しても、官僚たちは必ずしも謹んで従わなかったのだ。天皇（大王）から発せられた命令（詔）は何であれ、謹んでこれに従う。それを当然のこととし、徹底させるような社会規範など当時の日本にはなかったのである。

　では、その後、そのような社会規範が急速に官僚たちの間に浸透し、彼らは天武の時代には「承《じょう》詔《しょう》必《ひっ》謹《きん》」を地でゆく理想的な官人群に生まれ変わっていたであろうか。それは明らかに否である。たとえば、すでに述べたように、跪伏礼をやめて立礼を命じた詔にしても、元旦の天皇以外への拝礼禁止の詔にしても、多くの官僚たち、とりわけ下級官人たちの対応をみると、およそ「承詔必謹」とはいい難いものであった。

　天武が相《あい》対した官僚たち、とりわけ育成に注力した下級官人たちとは、実に憲法十七条の昔から大きく変わらない人々だった。覇者として即位し、中国的専制君主を自ら志向した天武であったが、その天武にしても、彼ら一人一人を忠良なる理想的官僚に仕立て上げることは相当困難であったはずだ。

　しかし、だからといって、天武は詔に従おうとしない官人たちや職務を忌避しようとする官人たちに対し、厳罰をもって臨もうとはしなかった。命じられた使者の職務を詐病で忌避しようとした者にさえ、制裁は一年間の昇進停止のみにとどめた。元旦の拝礼禁止令では違反者への処罰を謳ってはいるが、違反抑止効果をもつ厳罰でなかったことはたしかだ。跪伏礼の禁止にいたっては、処罰規定すらなかった可能性もあるが、もしあったとしても、やはり抑止効果はほとんどなかったとみてよい。

女官への口利き依頼の禁止令では、違反者への場合に応じた処罰を謳っている。この禁止令から逆にうかがわれるのは、実際にはそれまで天武はその口利きにある程度応じていたということだ。そのことを知っているから、下級官人たちは女官に近づくのである。天武もこの禁令で女官の口利き自体を禁止しているわけではない。口利き依頼を目的とした下級官人たちの女官への接近を禁じているのだ。下心をもって家まで押しかけたり、賄賂を贈ったりする彼らの異様な過熱ぶりを抑えたいのである。

ただ、「場合に応じて処罰する」とはいっても、実際には微妙である。敬仰する女官の家を訪れたり、贈物をしただけで罪に問うことはさすがにできない。敬仰される女官の胸先三寸ということもある。犯意の存否や程度の認定は簡単ではない。「場合に応じて」とせざるをえないのはそういう事情からだろう。いずれにせよ、一律厳罰を科せるような事案ではない。

結局、天武は忠良とはいえない下級官人たちのさまざまな行いに対して、通常は厳罰で報いるようなことはしなかった。思うに任せぬ現実に苦慮し、時に落胆もしたであろうが、厳罰は避けて緩やかな制裁で対処しようとした。もっとも、これは天武に限らない。日本古代の天皇はよほどの重大犯罪でないかぎり、官僚に対する厳罰を回避する。覇者として即位し、中国的専制君主を志向した天武も例外ではなかった。

罪を犯す官僚たち

「暴悪の者」

旧慣を墨守する官人たち。「承詔必謹」に務めようとしない官人たち。さらに、詐病で職務を忌避する官人たち。はては、女官を籠絡しておのれの便益を図る官人たち。天武が悩まされた官人たちは、そんな忠良とはいえない人々であったが、実はそれだけではなかった。天武自ら「暴悪の者」と呼んで憚らない乱暴狼藉を働く官人たちの跋扈にも悩まされた。天武八年（六七九）の詔がこの暴悪の官人たちの存在を伝えている（『書紀』天武八年十月己酉条）。

私が聞くところによれば、近頃、暴悪の者が巷里に多くいるという。これは王卿たちの過失に他ならない。ある王卿は、暴悪の者がいることを耳にした途端、改めさせるのを面倒がって、あえて見過す。また、ある王卿は、暴悪の者を目にしたとたん、正すのを嫌がって見て見ぬふりをする。見た時聞いた時にただちに糺弾すれば、暴悪の者など出てこようはずはない。今後は、乱暴行為を面倒がったり嫌がったりせず、格下の者に対してはその過ちを責め、格上の者に対してはその非行を諫めよ。そうであってこそ、はじめて国家は治まるのだ。

この詔でいう「暴悪の者」とは、一般の人々ではない。官人たちである。鍵となるのは「王卿」だ。「暴悪の者」の乱暴行為に即時に対処すべき立場でありながら、手を拱《こまね》いている。天武がそう批難する「王卿」とは、当時の冠位でいえば小錦下以上の官人である。その彼らが「巷里」（辻や里）での犯罪を取り締まるべき立場にあるとすれば、それは畿内国司をおいて他にはない。天武五年以来、陸奥・長門両国以外に小錦下以上の国司が在任するのは畿内国司だけだからだ。

つまり、この詔は具体的には畿内国司の怠慢を叱責したものだったのである。そして、その中で注目すべきは、「暴悪の者」がこの畿内国司と上下関係にあることだ。たとえば、格上の非行を「諫めよ」とは上下関係を前提とした表現だ。だとすれば、「暴悪の者」とは畿内国司と同じく官人なのである。専制君主天武の時代にあって、都を含む畿内に乱暴狼藉を働く官人たちが跋扈していたのである。

しかも、その乱暴行為を取り締まるべき畿内の国司たちは、面倒を避けてやり過ごそうとする。これも立派な職務放棄である。ただ、国司たちからみて、格上の官人らによる不祥事を見て見ぬふりする。これはまだしも理解できないではない。お世辞にも忠良とはいい難いが、格上官人に対する遠慮や忖度も働くだろう。

しかし、格下官人による不祥事にも目をつぶるとはいかなる料簡か。やむにやまれぬという事情があるわけでもない。職責を果たそうという官僚としての最低限の倫理観すら持ち合わせない。怠慢という他ない体たらくである。

もっとも、小錦下以上の国司からみて格下官人といえば、厖大な数の下級官人たちである。数が多ければ、それだけ不祥事の発生件数も多かったことだろう。頻発する事案に嫌気がさして職務を放棄するといったことがあったかもしれない。あるいは、下級官人たちの乱暴行為が凶暴にすぎて手に負えないということでもあったのか。

いずれにせよ、都やその周辺といった自らの膝下で、官人たちが乱暴狼藉をはたらき、しかも所轄の国司がそれを放置する。専制君主天武はまことに困った事態に直面していたのだった。

諸悪をなすことなかれ

しかし、暴悪の官人たちはここにきて俄かに現れた者たちではない。すでに数年前には、天皇の宸襟《しんきん》を煩わせるような存在になっていたのだ。天武四年（六七五）二月、彼が群臣（上級官人）・百寮（下級官人）および天下の人民に向けて出した詔は、そのことを示唆している（『書紀』天武四年二月癸巳条）。

諸悪をなすことなかれ。もし犯す者あらば、事に随いて罪せん。（悪事は何であれはたらいてはならない。もし、これに背く者がいたら、その悪事に応じて処罰する）

これだけを見れば、その趣旨は単純明快だ。「悪いことは一切するな」。現代の私たち、さらには幼い子供でも理解できる。当然すぎる教戒である。こんな教戒をわざわざ垂れる必要があったのか。むしろ、そのことの方が不審である。だとすれば、こう考えるべきだろう。天武四年には、実際さまざまに悪事をなす者が出来《しゅったい》し、国家の治安を大いに乱す恐れがあった。そこで、天武は詔による禁令を発して、治安維持に努めようとしたのだ、と。

旧近江朝廷を圧服させて即位したが、それからわずか二年。天武は自らの治下で、犯罪が予想以上に発生していることを目の当たりにした。ことに、膝下の飛鳥やその周辺で、官人たちが悪事を働いている。危機感を覚えたに違いない。詔の対象として、「天下人民」だけではなく、「群臣」・「百寮」といった本来なら信頼すべき中央官人群を挙げている。天武の懸念の在処《ありか》がわかる。忠良どころか犯罪に手を染めるような不忠不良の官人が出始めたのである。ここは言わずもがなの教戒を垂れてでも、体制を引き締めねばならない。

この詔が出されてからしばらくの間、『書紀』には罪を犯して処罰された官人たちの実例が続けざまに登場する。むろん、偶然ではあるまい。おそらくは天武四年詔に基づいて行われた犯罪摘発の成果だろう。その実例とは、以下の通りである。

①勅命により、小錦上当摩公広麻呂と小錦下久努臣麻呂《くぬのおみまろ》両名の朝廷出勤が禁止された。（天武四年四月）

②小錦下久努臣麻呂が①の勅命に従わなかった罪で、官職と冠位を剥奪された。（天武四年四月）

③三位麻続王《おみおう》が罪を犯して因幡国に流され、その一子は伊豆嶋（伊豆大島）に、もう一子は血鹿嶋《ちかのしま》（五島）に流された。（天武四年四月）

④筑紫大宰三位屋垣王が罪を犯して、土左国に流された。（天武五年十二月）

⑤杙田史《くいだのふびと》名倉《なくら》が天皇を非難した罪で、伊豆嶋に流された。（天武六年四月）

これらのうち、⑤以外はすべて上級官人であり、⑤の栈田名倉の場合はそのカバネから大山冠以下の下級官人だった可能性が高いが、天皇を非難する罪は恩赦があっても対象外となる重大な犯罪である。『書紀』のような正史では何事につけ、下級官人の事例は記事から省くのが原則である。だとすれば、この時期、下級官人についても、⑤のような重罪ではないものの、かなり多くの犯罪が実際には発生していた。そう推測すべきだろう。

即位後まだ間もない時期である。犯罪の摘発という点では、天武の威令はさすがに朝廷内に轟いていた。だが、そもそも天武四年詔では「諸悪をなすことなかれ」と犯罪を禁じていたのだ。にもかかわらず、専制君主天武の意向を蔑ろにする官人たちが存在した。数年後に畿内に跋扈した「暴悪の官人たち」とは、禁令をものともしないそのような官人たちの頓《とみ》に増長した姿に他ならない。しかも、天武の威令はすでに往時のものにあらず。国司たちは平然と職務を怠り、臆病風を吹かせて取り締まろうともしなかったのだ。

内裏でも官庁でも

この「暴悪の官人たち」への迅速な対処を命じたのが天武八年詔であったが、結局これもまた、例によって「承詔必謹」とはいかなかったようだ。というのも、法を犯す官人たちがやがて巷里だけではなく、宮中にも出現するようになるからである。専制君主天武が住まい、執政する飛鳥浄御原宮の内奥すら、官人たちによる違法行為の現場となったのである。天武十一年（六八二）の詔から察することができる（『書紀』天武十一年十一月乙巳条）。

およそ、法を犯した者を糺弾するに際しては、禁省（内裏）の中でも、朝廷（官庁）の中でも、過失が発生したその場所で、実際目にし耳にした事実に応じて、覆い隠すことなくすべて糺弾せよ。重罪案件については、天皇の勅裁を仰ぐべきは仰ぎ、身柄を拘束すべきは拘束せよ。もし、その拘束に応じない時は、当地の兵を動員して拘束せよ。杖刑を執行すべき場合は、勅裁を仰ぐことなく、罪に応じて一〇〇回を最高とする所定の等級により、即時執行せよ。また、裁判において、有罪であることが明白であるのに無罪だと欺いて伏弁（判決に従うこと）せず、さらに罪否を争おうとする者については、その伏弁しなかった罪を本罪に加えて処罰せよ。

この詔は「親王・諸王・諸臣から庶民まで」のすべての臣民に対して布告されたものだが、主たる対象は官人である。違法行為を働いた官人をいかに裁き、いかに罰するか。それを具体的に指示している。背景に、官人たちによる規律違反から軽罪・重罪にいたるさまざまな違法行為の発生があったことは明らかだ。

その発生の現場として、宮中の内裏や官庁が例示されている。もっとも、このような場で発生したのは大半が職務上の過失に類するものだったのだろう。詔がこれらの場での違法行為を「過失」と表現したのはそのためである。むろん、過失といっても、たんなるヒューマン・エラーではあるまい。糺弾の対象となるのだから、宮中での緊張感を欠き、官僚としての倫理を欠いた官人たちによる重大な規律違反であろう。

宮中で、場合によっては天武の目の前で、そんな規律違反が発生していたこと自体驚きだが、詔が示唆していることはもっと深刻である。「過失」を犯した官人への糺弾について、「覆い隠すことなく」とわざわざ念を押しているからだ。当時、官人の規律違反に対しては糺職《ただすのつかさ》（律令制下の弾正台《だんじょうだい》の前身）が糺弾に当たっていたが、あの畿内国司同様、見て見ぬふりをしていたのである。天武が頭を痛めていたのは、権力中枢で規律違反を犯す官人たちだけでない。それを見過ごす怠慢な糺職の官人たちもであった。

抵抗する官人たち

天武の頭痛のタネはさらに尽きない。詔によれば、重罪を犯した官人の中には、身柄の拘束に強く抵抗して、素直に縛に就こうとしない者がいる。その一方で、明らかに罪を犯しておきながら、あくまで無罪と言い張り、いたずらに裁判を長引かせようとする者もいる。なぜそこまで頑張れるのか。おそらくは捕吏の犯人確保手段が手緩く、あわよくば逃げ得も可能だったのではないか。また、裁判では被告が伏弁しないことで判決が確定せず、刑の執行にはいたらない。それにつけ込んでゴネ得を狙う者もいたのであろう。

いずれにせよ、それまで天武は官人たちの違法行為に対して、強権的な拘束や裁判・行刑をしてこなかった。禁令によって厳しく戒めてはきたものの、現実の対応には逃げ得やゴネ得を許してしまう隙があった。そこに乗じるしたたかな官人たちもいた。摘発に当たる官人たちの恒常化した怠慢もあった。即位後一〇年、天武はこの不本意な現状を改めようと新規まき直しを図る。それが天武十一年（六八二）の詔だった。

この時期、わが国独自の律（刑法典）は編纂途中で、まだ成立していない。おそらく現実には唐の律を準用しながら、試行錯誤を重ねたのだろうが、その結果露わになった課題を克服するため、比較的緩やかであった警察・司法行政のありかたをここにきて引き締める方向に転換した。

この新規まき直しの法は、のちの律令国家も一部引き継いだ。先の詔のうち、抵抗する重罪犯の拘束に兵を動員することと、有罪判決に伏弁しない者の罪を本罪に付加することの二点である。その後現行法として生き続け、先の「使者の怠業禁止令」と同じく、後世の『延喜式』に収められている（弾正一四〇条）。天武の時代以後も依然として、拘束時や裁判の場で抵抗する官人たちに備える必要があったのだろう。

使者としての職務を巧みに忌避しようとする官人たちもそうだが、罪を犯すだけではなく、拘束時や裁判の場で抵抗する官人たちもまた、相当にしたたかである。そんな彼らをいかにして従わせるか。日本律令国家草創期の只中、天武には創業者ならではのさまざまな苦心があった。『延喜式』といえば、律令国家円熟期の記念碑的法典である。われわれはその膨大な法典中の微細な条文にも、かつて草創期にあって日々官人の育成・管理に心を砕いた創業者天武の苦心を拾い取ることができる。

天武の強制手段

専制君主の強面

さて、これまでの天武による官人統制は概して緩やかであり、自らの詔に従おうとしない者に対しても比較的寛容であった。ところが、その天武も時に専制君主としての強面《こわもて》を覗かせることがあった。天武十三年（六八四）閏四月の詔がそうである（『書紀』天武十三年閏四月丙戌条）。「およそ政《まつりごと》の要《ぬみ》は軍事なり」の著名な一句で始まるこの詔は、「それゆえに」と続けて、次のように述べる。

官人たちはみな、武器と騎馬に習熟すべく努めよ。されば、馬と武器、さらに各々の装束（甲冑・馬具など）も努めて一つ一つ自前で揃えよ。その結果、馬を得た者は騎士として、得られなかった者は歩兵として、どちらも技能を鍛え練り上げ、一同会集して天皇の観閲を受ける場では、一糸乱れぬ動きがとれるようにせよ。もし、この詔の旨にそむき、馬や武器に全く不慣れの者や装束を揃えていない者がいた場合は、親王以下諸臣以上は、すべて贖銅《しょくどう》を科せ。大山位以下は、贖銅を科すべきは科し、杖刑を科すべきは科せ。一方、騎馬や武器の習練に努め、その技能を習得した者は、罪を犯してかりに死刑の判決を受けたとしても、二等を減じて流刑とする。ただし、自分の武才をいいことに故意に罪を犯した者は減刑の対象とはしない。

親王も加えて、中央の全官人に戦闘訓練と武装とを命じたものである。天武はこの詔に従わない者は杖刑相当とみなしている。これは当時準用していた唐律の何らかの条文を根拠にしたものではない。天武自身の判断に拠ったものである。罪刑法定主義を超える処罰命令は専制君主の専権事項である。

ただし、天武は唐律をまったく無視しているわけではない。唐律には、官人およびその親族は罪を犯して有罪判決を受けても、実刑を受けるかわりに所定額の銅を納めて罪を償う換刑の規定がある。これを贖銅という。官人たちの大きな特権の一つだ。天武はこの贖銅規定を親王を合わせた上級官人（小錦位以上）すべてと下級官人の一部に適用して、杖刑執行を回避して贖銅とした。下級官人の一部とは、上級官人の子弟（親族）であろう。現在は大山位以下だが、やがては小錦下以上に昇ることが約束されている人々である。

むろん、その他の下級官人たちも同規定にしたがえば贖銅で許されるはずだが、天武は生涯大山位以下にとどまる圧倒的多数の下級官人たちに限っては、あえて贖銅ではなく、実刑執行を命じたのである。この詔は中央の全官人に向けたものではあるが、その主対象はこの圧倒的多数の下級官人であった。彼らは天武が育成に注力した官人たちであり、同時にこれまでもっとも手を焼いてきた官人たちでもあった。

武力によって皇位を奪取した天武が軍事を最重要視し、配下の官人たちの武装化とたゆまぬ戦闘訓練の実践を強力に推し進めようとする。それは当然のことであったが、その中央戦力の主体となるのは、大半を占めるこの下級官人たちであった。守旧的で勤勉とはいえない彼らを動かすためには、たんなる掛け声だけでは足らない。何らかの強制手段が必要だ。それが容赦のない杖刑の執行だった。他のことには寛容でも、軍事となるとさすがである。往年の覇者にして専制君主の強面を見る思いがする。

もっとも、この時期、天武は下級官人たちについて、軍事での命令違反に限らず、彼らがとかく犯しがちな一般の軽罪に対しても、贖銅を認めず杖刑を執行する方針で臨んだのではなかろうか。

杖刑による下級官人統制

先の天武十一年（六八二）の詔は、主として違法行為を働いた官人の裁判や処罰を具体的に指示したものであったが、その中で「杖刑の場合は、所定の回数にしたがって即時執行せよ」と謳っている。この詔は換刑（贖銅）の特権が認められているはずの官人を主対象とするものだ。にもかかわらず、天武はわざわざこの一文を入れている。これは当時杖刑については、その官人特権を認めず、実刑を執行することがままあったからと考えると得心がいく。そして、その実刑執行の対象は、やはり一部を除く大山位以下の下級官人たちであろう。

即位後一〇年あまり、天武は容易に思い通りにならない、したたかな下級官人たちへの統制手段として、ようやく杖刑執行という肉体的苦痛をともなう体刑を用いるようになった。これも新規まき直しの一環。私はそう推測する。天武が採用したこの統制手段は、専制君主としてはむしろ控え目なくらいだが、それでも相当の効果があると信じられたようで、後世の律令国家でも時折用いられる常套手段となった。

たとえば、神亀五年（七二八）三月の聖武天皇の勅では、「官人が路上で現地の国司と遭遇した場合は、官人の位階が国司と同位以下ならば必ず下馬せよ。国司より上位ならば馬上で会釈をして通り過ぎよ」と命じ、この命令に意図的に背いた者への制裁は、「五位以上は名を録して奏聞せよ。六位以下は杖六十を執行せよ。蔭贖《おんしょく》は適用しない」としている（『類聚三代格』所収神亀五年三月二十八日勅）。

五位以上の上級官人は天皇に実名を報告され、おそらくは不名誉な勅勘《ちょくかん》をこうむることになるのだろうが、六位以下の下級官人は杖刑執行の実刑が科される点、天武十三年詔とまったく同じである。蔭贖とは、官人とその親族の特権である減刑・換刑措置のこと。唐律をほぼそのまま模倣する形で大宝元年（七〇一）に制定された日本初の大宝律にも、唐律とまったく同じ減刑・換刑規定が定められていた。しかし、今回六位以下には、それらの規定による蔭贖を適用せず、実刑を科すというのである。

この後も平安前期にいたるまで、六位以下官人の法令違反に対して、このように杖刑の実刑を科すことにより法令遵守の実をあげようとすることがまま行われた。これはかつて天武が編み出した統制手段であり、それをのちの律令国家が引き継いだものだ。天武でさえ手を焼いたしたたかな下級官人たち。彼らには有効だったのだろう。しかし、天皇を畏怖し、勅勘を不名誉として恥じる上級官人とは異なり、天皇を畏怖せず詔に従おうともしない下級官人たちには、のちの律令国家も手を焼き続けた。そのことも同時に示している。

もう一つの強面

天武十三年の詔は、専制君主天武のもう一つの強面を覗かせている。

「騎馬・武器の技能習得者は、たとえ重罪を犯して死刑判決を受けても、流刑に減刑する」というこのくだりである。

高い戦闘能力をもつ官人は、かりに死刑相当の重罪を犯したとしても、その武才に免じて減刑する。そして、おそらく万一戦端が開かれた場合には、その能力を存分に発揮してもらおうと言っているのだ。むろん、減刑となるのは死刑囚だけではない。流刑以下の判決を受けた官人も同様に減刑されるのである。

さすがに厳しい内戦を制して皇位をもぎ取った天武である。平時にあっても戦時を忘れていない。官人は平時に有能なだけではなく、戦時においても有能でなければならない。まともに戦えない官人より、たとえ死刑相当の重罪を犯そうとも、機敏に戦える官人の方がましだ。天武は日頃暴悪の官人たちに手を焼きながらも、究極にはそのように官人を見ていたのである。「政の要は軍事」と喝破した覇者の専制君主。その眼はまことに冷徹であった。

もっとも、天武は一方で、自分の詔を悪用するしたたかな官人が現れることも想定している。おのれの武才を恃みに、「たとえ捕まっても軽い刑罰で済むはず」とタカをくくる者たちだ。そういう連中は減刑の対象にはしない。詔の末文で、天武はしっかり釘を刺している。そんな用意周到な文言が必要なほど、宮内外では相変わらず、暴悪の官人による犯罪が多発していた。そういう背景があったことも読み取るべきか。

さて、この詔の減刑規定の適用を受けて、罪は犯したが武才ゆえに減刑された、という実例は残念ながら伝わっていない。しかし、天武の死後、皇位を継いだ持統女帝の時代には一例だけだが類例が認められる。

それは持統七年（六九三）四月のこと。四名の官人が内蔵寮所管の物品を盗んだとして処罰されることとなった。判決は持統の詔によって出され、四名ともに、蔭贖の適用により冠位一階ないし二階の降位および現職の解任と決まった。ところが、その判決文では最後に、そのうちの一名典鑰《てんやく》の置始《おきそめの》多久《たく》に限っては、「壬申年の役で勤労があった」として、その罪を赦し、盗品の賠償は命じたものの、処罰は取り消したのである（『書紀』持統七年四月辛巳条）。

これは壬申功臣への優遇措置の一つであり、天武の生前からとられてきた既定方針であった可能性が高い。だが、その根底にある信念は、戦時に優れた武才を発揮できる官人は平時に罪を犯すことがあっても、大目に見るべきだというもので、先の天武十三年詔とまったく同じである。武力制覇を原点とする専制君主のこの信念は、天武の皇后であり、かつては蹶起の行軍を共にした持統にも受け継がれたようだ。

天武が創出した律令官人群

このように、こと軍事となると、天武は超法規的な「アメ（減刑）とムチ（杖刑）」を用い、強権をもって官人を統制しようとした。そこに専制君主らしい強面を垣間見ることができる。

とはいえ、この専制君主の下で、官人たち、とりわけ下級官人たちは怠慢・怠業さらには罪過にまで及ぶことが少なからずあった。これに対して、天武もしばしば詔で禁令を発し統制に努めようとする。だが、彼らはそもそも「承詔必謹」もおぼつかない。天皇への畏怖も希薄であり、したたかでもある。彼らを専制君主国家の忠良な官僚へと馴致《じゅんち》することは至難であったはずだ。

天武の対応は現実的である。場合によって、超法規的に杖刑を実刑として科すことはあっても、強権的な統制はせいぜいそこまで。それ以上の恣意的でより強い恐怖に訴える方法は選択しなかった。全体的に比較的緩やかで寛容な対応をとらざるをえなかった。官人群、とりわけ分厚い下級官人群を育成・管理し、同時に機能させてゆくためには、それが最善だったのだろう。

ただ、天武は自らを中国的専制君主に擬えようとした天皇である。その天武から見れば、創出した官人群は当初の理想からは大きくかけ離れていたに違いない。上級官人はともかく、大半を占める下級官人はとうてい忠良とはいい難い。そして、天武の創出したこの官人群こそ、その後長く日本律令国家の国政を担うことになるいわゆる律令官人なのである。

この律令官人は、律令という専制君主の法典によってその地位を占め、同じくその法典によって職務を遂行する。ために、彼らについては、天皇の忠良な臣下であり、規律正しく各々職務に精勤していた、そうイメージしがちである。あるいは、時代を経るにつれて次第に不正・欠怠が生じるようになるとしても、さすがに八世紀初頭の律令国家成立時には皆公正・忠勤に努めていたはず、そう想像しがちである。

しかし、思い出していただきたい。律令国家成立直後の元明天皇の時代、彼らの実態はどうであったか。律令に習熟する者はほとんどいなかった。禁止されていた旧俗（跪伏礼）を改める者もほとんどいなかった。天武が手を焼きながら育成した官人たちと寸分も違いがない。その大半は律令国家の最初から、およそ忠良・勤勉とはいえない人々だったのである。

急拵えの下級官人群

では、そのような忠良・勤勉ならざる官人たちはどうして生まれたのか。すでに述べてきたように、天武は壬申の乱後、下級官人群の創出を急ピッチで進めざるをえなかった。そこに大きな要因がある。私の勝手な憶測ではない。律令国家成立当初から、それは政権上層部にとって自明のことだった。

官僚たちの律令未習熟を詔で叱責し、「官僚は頭数だけは揃っているが、どれもこれも怠け者で使い物にならない」と元明は嘆いた。だが、その元明以下の政権上層部は、忠良・勤勉ならざる官人たちが天武朝以来の粗製乱造によって生まれたことを正確に把握していたのだ。先の詔が出る三年ほど前、太政官が式部省による下級官人制度の不正運用を摘発していることからわかる（『続紀』和銅元年四月癸酉条）。

それによれば、式部省は諸国に設置された国学（地方教育機関）から優秀な豪族の子弟を推挙させる貢人制度や六位以下（初位を除く）の嫡子を採用する位子制度を不正運用。白丁を貢人として受け入れ、また六位以下の庶子も位子として採用した他、さらに下級官人については勤務実態がないのに勤務評定を行い、叙位の対象にもしてきたという。太政官はこれらを省ぐるみの令規違反だと譴責している。

しかし、太政官がここで譴責しているのは、式部省が貢人や位子について大宝令の規定を知らなかった、見落としていた、などといった類の過失ではない。この人事担当官庁は令規違反を百も承知なのである。式部省（前身は法官）は天武朝以来、下級官人群を急ピッチで作り上げる役割を担ってきた。六位以下の下級官人の採用や昇進、管理について、絶大な権限を認められた官庁で、当初は兵部省の武官人事権も握っていたのである。

律令国家成立期にあって、大宝令が構想する官僚機構はそれ以前にくらべてはるかに巨大だった。これを満たす下級官人も未曽有の数に上る。その人員を安定的に確保する必要があった。その役割はいうまでもなく式部省に課せられた。おそらく令規を厳格に順守して貢人・位子を採用するだけではとても足りなかったはずだ。令規を弾力的に運用し、時に令規を超えながら、そこを何とか調達するのが式部省の裁量であった。

むろん、太政官もそれを知らなかったはずはない。ばかりか、式部省の裁量に任せて、これに頼り続けてきたのが実情だろう。人員確保を優先したのである。式部省の不正運用を摘発した際も、令規に反して庶子を位子とした場合、当人が有能ならばそのまま官人にとどめた。現実には、令規より有能人材の確保なのである。

天武五年出身法が根拠

しかも、式部省の裁量には、それを一部支える根拠法があった。先に取り上げた天武五年（六七六）出身法、正確にはその但し書きである。この出身法は畿内豪族だけでは不足と見て、畿外の豪族からも中央の官人となることを認めるというものだが、但し書きでは、「豪族以外の者でも、才能さえあれば中央官人として採用する」と謳っている。ここに、法官がその裁量で白丁を下級官人に採用する慣例が生まれ、後身の式部省もまた、これを受け継いだのである。

また、天武の意を受け急ピッチで下級官人群形成に当たっていた法官である。しかも、人員の不足は当初予定の畿内だけではなく、畿外にも対象を拡げねばならないほどだった。そんな状況のもとで、悠長にも豪族の嫡子だけに絞って採用していたなどとはとうてい考えにくい。本来、法官による官人採用方針は嫡庶を問わないものであったはずだ。その方針を後身の式部省が引き継いだのである。大宝令では位子を嫡子に限定したが、新令による官僚機構はさらに巨大化したから、実際にも従来の方針を引き継ぐ以外にはなかっただろう。

しかし、法官・式部省による下級官人群の形成は、人員確保に急であったがために粗製乱造となることもまた避けがたかった。その弊害はすでに天武朝に出来《しゅったい》する。それでなくても「承詔必謹」すらおぼつかない人々に忠勤を期待することは土台無理であったが、怠慢や怠業、不敬、贈賄、乱暴、さらには犯罪といった専制君主国家の官僚としてはおよそ不都合な失態や醜態が露呈する。ばかりか、律令国家の官僚でありながら、ほとんど誰も律令を知らないという、まことに珍妙だが嘆かわしい事態まで招くのである。

しかも、その一方で、法官・式部省の精力的な人員確保は和銅元年（七〇八）までには所期の目的を遂げたようだが、安定的確保を求めて大量採用を繰り返してきた結果、逆に余剰人員を抱えるようになった。太政官が式部省に対して、下級官人を「勤務実態がないのに勤務評定を行い、叙位の対象にもしてきた」と譴責したのは、具体的には「留省」の存在を咎めたものだ。これは式部省が自省にプールした無官の下級官人たちのこと。余剰人員対策で、臨時の勤務をもとに考選する建前だが、実際には形式的な考選となりがちだったのだろう。

このいわば無為徒食の下級官人たち、当然忠良・勤勉ならざる官人たちを生み出したこともまた、粗製乱造の弊害であった。和銅元年の太政官による摘発の真意は、これらの弊害を深刻に受け止め、従来の黙認姿勢を見直すことにあったのだ。天武の時代以来、急ピッチで進められた律令官人群の形成、実質的には下級官人群の形成という国家事業は、和銅元年にいたるまでには一応の達成をみて人員確保に成功したものの、粗製乱造による弊害も看過できないほど深刻となっていた。天武に始まる律令国家建設の光と影である。

死にたくなかった専制君主

天武の血族重用

皇親政治

天武は専制君主国家としての官僚機構を整え、手を焼きながらも官僚群の創出に注力してきた。理想的な官僚にほど遠かった者も多かったに違いない。だが、ともかくも、彼ら官人たちを自らの手足として、国政を執り行っていったのである。

しかし、天武は武力で権力を奪取した覇者だったから、政権は磐石ではなく意外に脆弱であることを十分知っていた。その脆弱さに備えるためにとった方策は二つ。

一つは中央官人の武装化である。先に取り上げた天武十三年の詔はこの武装化を命じたものだが、実は武装化命令はこの時が初めてではない。すでに、同四年（六七五）十月には、諸王以下の中央官人全員に対し、各自武器を調達しておくよう命じている。また、同八年二月にも、親王以下中央官人に対し、二年後の検査までに武器と馬を蓄えるよう命じている。かつての自分のように、武力で権力を奪取しようとする者に対し、朝廷一丸となって防戦する。そのための備えである。

今一つの方策は、皇親の重用である。自らが兵を挙げた壬申の乱では、年長の高市皇子が父を助けて参戦した。当時一〇歳前後だった草壁皇子、幼年だった忍壁皇子は父と共に吉野から東国に向かい、やはり一〇歳程だった大津皇子は敵地となった近江を脱出して父と合流した。天武はこれらを中核とする皇子たちを特別な政治的存在とした。特別というのは、皇子たちを天武が整備した官僚機構の中の官僚ではなく、むしろその官僚機構の上に立たせ、天武の名代《みようだい》としての役割を担わせたからである（虎尾　二〇〇六）。

天武は畿内大豪族の多くを敵に回して覇者となったから、大豪族たちには信を置いていない。大豪族による議政官組織をあえて設置しなかったのもこれによる。大豪族に代わり、全幅の信頼を寄せたのが血族の皇子たちだ。そのうち草壁は天武十年に皇太子に立てて国政に預からせ、大津も同十二年に国政に参画させた。最年長の高市は、天武が崩じ草壁・大津が病死・刑死した後に持統が太政大臣に任じた。天武の生前も両皇子とともに天皇を支えたことだろう。

天武が信頼を寄せたのは皇子たちだけではない。皇后鸕野讃良《うののさらら》（持統）もそうである。天武は十年二月、親王（皇子）・諸王・諸臣（上級官人）を集めて、著名な日本律令編纂の詔を発した。この時、鸕野皇后も夫帝と並んで執政者として大極殿に臨んでいる（『書紀』天武十年二月甲子条）。本来、日本古代の皇后は天皇とともに、あるいは天皇に代わって執政する権能を保有していたのだが、天武は即位後、その皇后に鸕野讃良を立てた。彼女もまた、かつて天武が挙兵した際、吉野からの行軍を共にした一人であった。

このように天武は、壬申の乱で運命を分かち合ったミウチに絶対的な信を置き、彼らを官僚機構を超越する藩屏とした。その一方で、皇子の子や孫、さらにもっと血縁の遠い親族は諸王として皇子（親王）と区別し、こちらは官僚機構の中に配置した。一般の臣下と同じ官人（上級官人）としたのである。天武朝の七世紀後半から、大宝律令の下での八世紀前半にかけては、これらの諸王が多くの官庁の長官職に在任した（直木　一九六八）。官僚機構の内外に多くの皇族を配して権力基盤を固めようとしたのだ。この時期の政治を皇親政治という。

吉野の盟約

天武が始めた皇親政治の権力核は、当初、執政者である天皇と執政代行者である皇后、さらにこれらを支える皇子たちによって構成された。しかし、自らも、また親しいミウチも、みな有限の生を生きる以上、この権力核はもとより恒久ではない。当然、できる限り永続させる手立てが必要となる。

天武は一〇人の皇子をもうけた。高市・草壁・大津・忍壁の四皇子の他に、乱の前後に生まれた磯城《しき》皇子、乱後しばらくしてから生まれた舎人、長、穂積《ほづみ》、弓削、新田部《にいたべ》の五皇子である。この中で、天武の後を嗣いで皇位につくべき皇子は鸕野讃良を皇后に立てた時点でほぼ決まっている。皇嗣となる者の母は皇族に限られ、しかも皇后であること。それが当時の慣例であった。とすれば、草壁が最有力となる。他の皇子たちには、将来天皇となる草壁を一致団結して支えてもらわねばならない。

天武八年（六七九）五月、天武は吉野に行幸し、天皇・皇后と六人の皇子たちとの間で盟約を交わすこととした（『書紀』天武八年五月乙酉条）。吉野はかつて天武が挙兵した故地。天武の王権にとっては聖地と言っても過言ではない。六人とは、草壁・大津・高市の三皇子と忍壁皇子、さらに天智の子である川嶋・施基《しき》両皇子であった。

まず、天武が皇子たちに向かって詔を発する。

図８　吉野宮滝遺跡周辺

私は今日、お前たちとともに、ここで誓いを立て、千年後まで変わらず無事でありたいと思うが、どうか。

皇子たちは異口同音に「もちろんでございます」と答え、最初に草壁が進み出て、天神《あまつかみ》、地祇《くにつかみ》および天皇陛下にお誓い申し上げます。われら兄弟長幼あわせて十名余の皇子は、おのおの母親を異にしてはおりますが、その違いを超えて、皆共に天皇の勅にしたがって助け合い、仲たがいはいたしません。もし、今後この誓いが守られないようなことがあったならば、この身は滅び、子孫が絶えてもかまいません。決してこの誓いを忘れることも、この誓いに背くこともございません。

と誓詞を述べた。続いて、残る五皇子も順番に同様の誓詞を述べ終わると、再び天武が口を開き、

私の皇子たちは、おのおの異なる母親から生まれたが、これからはみな同じ一人の母親から生まれたもの（「一母同産」）として、慈しむこととする。

と誓い、さらに胸襟を開いて六人の皇子たちを抱き寄せ、

もし、この誓いに背くことがあったならば、たちまちこの身が滅びてもかまわない。

と誓った。これに続き、鸕野皇后も天武と同様にして誓った。「同じ一人の母親」とは、むろん、この鸕野皇后をさす。

天智の皇子たちも

この盟約は天武自身と王権の将来のため、皇子たちの忠誠と団結を確かなものにしようとして行われたものだ。「長幼あわせて十名余の皇子」とは、天武の皇子一〇人と、天智の皇子二人のこと。当時在世の皇子たち全員が団結して王権を支え続ける。そのことを出席した六人の皇子が誓約した。もっとも、磯城

皇子以下、天武の年少の皇子六人は、まだ幼かったためか出席していないが、彼らもまた、年長の皇子たちと共にこの盟約への参加を求められたのである。

盟約には、天武の皇子だけではなく、天智の皇子も加わっている。天武は壬申の乱で、当時近江朝廷を率いていた大友皇子を自害に追い込んだが、天智の他の皇子を滅ぼしたり疎んじたりはしなかった。ばかりか、自身の皇子同様、重用したのである。たとえば、天武九年（六八〇）七月の舎人王の死去に際しては、川嶋皇子を高市皇子と共に自身の名代としてその殯に派遣している。また、同十年三月の国史編纂事業では、やはり川嶋を忍壁皇子らとともに、編纂メンバーに命じている。

そもそも、天武にとって、天智の皇女たちは王権維持に不可欠の血族だった。天武自身が天智の皇女四人を妻としている。皇后の鸕野讃良皇女の他、大田皇女（大津母）、大江皇女（長・弓削母）、新田部皇女（舎人母）である。さらに、天智の皇女三人を自らの皇子の妃に迎えている。阿陪《あべ》皇女（草壁妃）、山辺皇女（大津妃）、御名部《みなべ》皇女（高市妃）がそれだ。

このように、天智の子女は天武の王権を現実に支える存在だった。天智の孫に葛野王という王がいる。父は天武が滅ぼした大友皇子。天武にとっては仇敵の忘れ形見。だが、この葛野王は天武王権をしっかり護る立場に立つのである。そのことを示すエピソードが『懐風藻』に登場する（葛野王伝）。

すでに天武の死後、持統十年（六九六）のことである。太政大臣高市皇子が亡くなった後、皇太子は未定であった。天武の皇太子だった実子草壁の早逝により、自ら皇位についていた持統は、この時孫の軽王（草壁の子）の立太子を目論み、皇親と重臣たちを宮中に召して、皇嗣問題を諮った。ところが、重臣たちがめいめい私情をさしはさんで発言するので、議論は紛糾してしまう。

ここで葛野王が進み出て、「直系相承こそがわが国神代以来の皇位継承法である」と重臣たちの意見を封じ、軽王の皇位継承を自明と説く。さらに、何事か異議を唱えようとした弓削皇子を叱りつけて発言させなかったという。これで軽王の立太子は決まり、持統をいたく喜ばせたのだった。

実は日本古来の皇位継承は兄弟間相承が原則だ。葛野王の主張は明らかに強弁なのだが、そんな無理筋でも持統の意向を通そうとする葛野王の忠誠ぶりが目を引く。この時彼は二八歳。叱りつけた弓削皇子はやや年少だろうが、年齢はさほど変わらない。しかも、弓削は天武の皇子で葛野王より格上である。その弓削を彼が叱りつけて牽制する。かつての仇敵大友の遺児にして皇子でもない。その葛野王さえ、天武・持統の王権の中で、大きな発言力を持つことができた。天智の二人の皇子たちも同様あるいはそれ以上であったはずだ。

盟約の背景

盟約に戻ろう。この盟約でもっとも関心を引くのは、一致団結することを誓う六名の皇子たちに対し、天武と鸕野がそれぞれ、「これからはみな同じ一人の母親から生まれたものとして慈しむ」と誓って、彼らを胸元に抱き寄せるくだりである。年端のいかない子供ではない。成人した六人もの男たちを、天皇と皇后が抱擁するのだ。異様な光景といってもよい。

この盟約は、誓詞を見る限りは、王権護持に向けて、皇子たちが一致団結することを求めたものだ。だが、そんな漠然とした目的のためなら、ここまでの演出は不要だろう。実はより明確な目的があった。皇嗣と目されてきた草壁を順調に皇太子に立て、将来無事に皇位につかせることである。天武の真意はおそらくこうだ。

草壁以外の皇子たちは異議を挿んだり、争ったりせず、草壁の立太子・即位にこぞって協力すると誓約せよ。そうすれば、私（天武）も皇后も、ひとり草壁だけを特別扱いすることはしない。みな草壁と血を分けた実の兄弟と思い、草壁に対するのと変わらぬ慈愛をもって接することを誓約する。

それにしても、天武・鸕野と皇子たちの間で、こんな誓約を交わさねばならなかったのは、実際天武と鸕野に黙《もだ》しがたい懸念があったからだろう。それは大津皇子の存在である。大津は皇后所生ではない。しかし、草壁と同じく皇女所生であったから、草壁の身に何かあった場合は、皇嗣となる資格があった。しかも、『懐風藻』によれば、大津は「偉丈夫で度量も広く、文武に秀で、豪放磊落で規則に縛られない一方、官人たちに対しては腰が低く、礼をもって臨んだため、多くの人々をひきつけた」という。声望が高かったことは想像に難くない。

大津は天武の死の半月後、殯期間中に皇太子草壁の即位を阻む陰謀を企てたとされ、その半月ほど後にそのことが発覚して、加担した三十余名とともに逮捕。早くも翌日には死を賜った。鸕野皇后による粛清というのが通説である。わが子草壁の即位の妨げとなる大津を排除したとするものだ。

私もこの通説に従うが、よく言われるように、大津も決して悲劇の皇子というわけではない。『書紀』や『懐風藻』は新羅僧行心が彼を唆《そそのか》したと伝えているが、それは大津がこれに応えるだけの自負と野心を持っていたからであり、また連坐して逮捕された三十余名以外にも、大津を支持する官人たちが多数見込まれたからである。

そのような大津や大津に嘱望する人々の存在に対して、鸕野だけではなく、すでに生前の天武も当然大きな懸念を抱いていたはずである。吉野の盟約はこのような懸念を背景に、天武と草壁の実母である鸕野皇后とが皇子たちに対し、将来の草壁の立太子・即位に同意し一致団結することを誓わせる演出であった。

天武の王権強化・存続策

このような地ならしを経た上で、天武は二年後に草壁を正式に皇太子に立てる。ただ、天武も当然大津の優れた才能や人品、そして官人たちからの高い声望を認めていた。だからこそ、その二年後には大津も国政に参画させたのである。『書紀』はそのことを「大津皇子、始めて朝政を聴く」と伝える（天武十二年二月己未条）。これは後年、首皇子（のちの聖武天皇）が皇太子として執政を始めたときの「皇太子、始めて朝政を聴く」（『続紀』養老三年六月丁卯条）と全く同じだ。

すでに草壁が皇太子として執政していたはずだが、新たに皇太子ではない大津も執政に加わる。むろん、今となってはこの間の事情を知ることはできない。ただ、天武としては、これによって自らが樹立した王権を強化し、その存続を確かなものとしようという目論見があったのだろう。

憶測だが、草壁個人に対して、何がしかの不安があったのではないか。草壁は天武の死後二年半以上を経るも即位せず、そのまま亡くなった。病に犯されていた可能性が高いが、別の事情かも知れない。実母の鸕野皇后でさえ、愛息の即位を強行することが憚られ、結局自ら即位する途を選んだ。何であれ、きわめて深刻な事情があったに違いない。天武の生前には、まだそこまで深刻ではなかったにせよ、草壁をめぐる不安要素はあっただろう。王権の強化と存続のため、天武は大津にこの草壁を補佐するよう命じたのである。

しかし、これは両刃の剣であった。いわば皇太子に準ずる執政権限を与えられた大津は草壁を補佐して王権の強化に貢献するが、そうであればあるほど、官人たちの声望は高まり存在感を増してくる。大津本人も自負が強まり、野心も芽生えてきたことだろう。

それでも天武存命の間は、大津も先の盟約に従い、他の皇子たちとともに皇太子草壁を立てて団結する姿勢を崩さず、天武も鸕野も大津の忠誠を少なくとも表立っては疑わなかった。天武十四年（六八五）正月には、草壁の浄広壱に次ぐ浄大弐の冠位を与え、朱鳥元年（六八六）八月には、草壁・高市両皇子とともに食封《じきふ》を四〇〇戸増封している。天武・鸕野・草壁・大津の四人の執政権者の間で微妙なバランスが保たれていたのである。

だが、これは天武がいて初めて保たれる危ういバランスであった。天武が亡くなるやただちに大津が排除されたのも、そのバランスが崩れた結果といってよい。もっとも、生前の天武もさすがにそこまでを予見してはいなかっただろう。だが、自分の死が王権に何らかの異変をもたらすかも知れないという惧れはあったはずだ。かつて、彼自身も兄天智の死後、機を窺って蹶起し、近江の王権を武力で打倒した。その天武が微妙なバランスの下、おのれの死を極力回避しようと努めるのは当然である。

死期迫る

死の予感

天武十四年（六八五）九月、その彼を病が襲う。詳細は伝わらないが重篤をもたらすような病である。その除病延命祈願のため、天武は三日間にわたる大官大寺（大安寺）・川原寺（弘福寺）・飛鳥寺（元興寺）での誦経《ずきょう》を命じ、この三寺に布施として稲を納めた。

翌十月には、百済僧法蔵と優婆塞《うばそく》（出家前の男子信者）の増田直金鍾《ますだのあたいこんしょう》を美濃国に派遣し、白い朮《おけら》を採って煎じさせた。この朮は山野に自生するキク科の多年草で煎じると健胃薬となる。しかし、天武が欲したのは健胃薬ではあるまい。不老長生の薬である。というのも、白朮は中国の薬学書である『神農本草経』には「煎じた餌と作して久しく服すれば、身を軽くし年を延ばす」とあり、またやはり中国の不老長生を説く『抱朴子』内篇でも「白朮を煎じた上薬は人をして身安く命延び、昇りて天神とならしむ」と記されているからだ。

すでに様々な徴証から、天武が中国の道教に大きな関心を寄せていたことがわかっている（福永　一九八七）。なぜ道教か。道教は不老不死、不老長生に至ろうとする現世利益的な性格が顕著だが、天武はそんな道教の教えにすがろうとしたのである。天武には、この王権を守るためには、自分は死んではならない、死ぬわけにはいかないという生への執着があった。その天武が発病して半月、一時は重篤な状態にあったようだ。おのれの死を予感し、不老長生の薬草入手を命じる。ただ、その薬草が献上されたのは十一月下旬のことだった。

もっとも、当初行われた三寺での誦経の功徳があったか、天武は危機を脱することができた。十一月の初めには白錦後苑《しろにしきのみその》（浄御原宮北西の御苑）に行幸しているから、薬草が届いたころにはすでに恢復していたらしい。翌十二月に、大官大寺の僧らに絁・綿・布を施したのは、除病祈願が成就したことへの礼、いわゆる誦経物《ずきようもの》だろう。天武の死なずに済んだとの安堵が伝わってくる。さらに、亡父舒明天皇が創建した大官大寺には、他の二寺にはない特別な思いがあったかも知れない。

説法・清掃・大赦

こうして、新年（天武十五年）は無事迎えることができた。正月二日、天武は大極殿に出御して朝賀の節会を催している。ただ、天武にとっては、これが最後の朝賀となった。その後五月に至るまで、とくに大きな変調はなかったように見えたが、『書紀』は五月二十四日のこととして、唐突に次の事実を伝えている。

①天皇、重篤な状態となる。これにより、川原寺で薬師経の説法を営み、宮中で安居《あご》を催す。（五月二十四日）

これが前年九月の病の再発か、新たな病に犯されたものか、それはわからないが、このたびも深刻な状況となった。「薬師経」とは、当時唐より将来されていた「薬師瑠璃光如《やくしるりこうにょ》来本願功徳経《らいほんがんくどくきょう》」のこと。衆生の病苦を救う薬師（瑠璃光）如来の本願を記した経典である。この経典の説法が川原寺で営まれた。むろん、目的は天武の除病延命祈願である。

一方、この日天武の病臥する宮中では、僧侶たちが招請されて安居が催される。夏季の三か月間、僧侶が静かに一室に籠って経典の講説を行う安居（夏講）は、すでに三年前より宮中で催されるようになっていたが、このときの安居は通常のそれではない。やはり、天武の除病延命を祈願する特別の安居である。

そして、この日を皮切りに、『書紀』には天武の除病延命の方策を伝える記事がその死の直前まで頻出するのである。その多種多様の方策を順次紹介していこう。

②勅命により、左右の大舎人たちを派遣して、諸寺の堂塔を清掃させ、大赦（全国規模の恩赦）を命じた。これにより、獄舎は空になった。（五月中）

すでに述べたように、大舎人はかつて天武が子飼いの官僚群を創出するために設けた官職。中央豪族の子弟が任用された。その大舎人たちが分かれて一斉に諸寺院に向かい、堂・塔の清掃奉仕を行う。これが除病延命の方策となるのだ。そもそも、神社や寺院を掃き浄めること、それ自体に災いを除く験力があるという（平　一九九七）。だから、古代においては天皇の病や疫病の流行、天地の災異といった国家・共同体の危機に対応するため、しばしば寺院で清掃が行われたのである（黒須　二〇〇四）。

大赦も命じた。七世紀後半以後、天皇または太上天皇が病に臥せると大赦が盛んに行われたが、初例は天武である。この大赦と天皇の除病延命とはどのように結びつくか。天平勝宝八歳（七五六）の孝謙天皇の勅から知ることができる。病に臥した父帝聖武（太上天皇）のために大赦を命じた勅である（『続紀』天平勝宝八歳四月丁酉条）。

ここのところ、太上天皇の御身体がすぐれなくなってから、もう十日にもなるが、いまだに恢復なさっていない。聞くところによると、災厄を封じ幸福をもたらすのに仁風以上のものはなく、除病延命に預かるためには徳政を行っていなければならない。大赦を行うべきである。

孝謙がいう「除病延命のための徳政」とは、儒教思想の仁政のこと。ここでは具体的には大赦のことだ。大赦を徳政として行うことが聖武の除病延命につながる。そう言っているのだ。天武もまた、大赦を行うことが自らの除病延命につながると考えたのである。

③天皇の病を占ってみたところ、草薙剣《くさなぎのつるぎ》が祟られていることが原因であるとの結果が出たので、その日のうちに尾張国の熱田社に送り返した。（六月十日）

草薙剣・飛鳥寺・悔過

かつて、天智七年（六六八）に、道行という僧侶（一説に新羅僧）が熱田社の神体・草薙剣を盗んで新羅に逃げようとした事件があった。以来、神剣は長く宮中に置かれていたが、その剣が今や祟りを受け天武の病因ともなっているとの占い結果を得て、熱田社にすぐさま返還したというのである。容易に恢復しない病状。ここは卜占を用いて何とか好転の機縁をつかみたい。そんな気持ちがにじんでいる。結果を受けての対応も迅速にすぎるくらいだ。天武の焦燥すら感じるといえば深読みだろうか。

④伊勢王以下の官人たちを飛鳥寺に派遣して、「近頃、私は病に犯されている。願わくば、仏の威力にすがって、健康を取り戻したい。私のために、高僧も一般の僧もみな仏に誓願せよ」との勅命を僧侶らに伝え、大仏に珍宝を捧げた。この日にはまた、飛鳥四寺の上層の僧およびその他の高僧らに天皇御用の衣服や寝具を各々一揃い施した。（六月十六日）

ここでは、飛鳥寺の総力をあげて自分の除病延命を仏に誓願せよと命じている。のちにも述べるが、この時代の仏教の功徳とは国王擁護、具体的には天皇の身体護持であった。天武はこれに期待して、飛鳥寺の僧らに誓願を命じたのであるが、それにしても「このまま死にたくはない、まだ死ぬわけにはいかない」という彼の必死の思いが伝わってこようというものである。

また、飛鳥四寺（大官大寺・飛鳥寺・川原寺・薬師寺）を始めとする諸寺院では、今後もさまざまな除病延命祈願の仏事を行うつもりだったのだろう。各寺院の指導的立場にある僧侶に対し、天武の肌身に直接ふれる御用の衣服・寝具を施して予め特別の謝意を表したものかと思われる。

⑤勅命により官人たちを川原寺に派遣し、燃燈供養を行った。さらに、盛大な斎会《さいえ》を設けて、悔過《けか》を行った。（六月十九日）

飛鳥寺に続き、川原寺では多数の燈明を灯して仏に供養する燃燈供養を行った。さらに、僧侶たちに食事を提供して供養する大がかりな法会を催して、悔過を行った。悔過とは、罪過を仏前に懺悔して罪報を免れようとする仏事である。

⑥僧正・僧都らを宮中に招じ入れて悔過を行った。（七月二日）

二度目の悔過である。先の聖武は天皇在位中の天平十七年（七四五）にも病を得ているが、そのとき除病延命祈願の一つとして、京畿内諸寺と諸名山で「薬師悔過法」を行った。聖武の懺悔は長屋王の謀殺や疫病（天然痘）による惨状だったかもしれない。はたして、天武はどのような罪過を懺悔したのだろうか。それは知るよしもない。だが、免れようとした罪報は、おのれの死。これ以外にはない。

なお、この間、六月二十八日には、法忍・義照という二人の高齢の僧侶に対し、養老を理由に食封三〇戸を与えている。川原寺での盛大な斎会もそうだが、このような仏に仕える者への善行もまた、功徳である。除病延命の果報を得ようとして積んだのだ。

⑦諸国に詔を発して、大祓《おおはらえ》を行った。（七月三日）

大祓とは、罪や穢《けが》れを祓う神事である。朝廷の大祓と諸国大祓があるが、ここではむろん後者である。諸国大祓はすでに天武五年（六七六）には行っていたことが知られる。疫病・飢饉・災害に際して随時行うが、このときは天武の病魔を祓うための大祓であった。

⑧天下の調を半減し、徭役を全免とした。（七月四日）

大祓・善政・奉幣・読経

物納の税である調と力役による税である徭役の減免。人々の負担を軽減する善政である。これもまた、儒教思想の仁政であり、大赦同様「除病延命のための徳政」であった。

⑨紀伊国の国懸《くにかかす》神社、飛鳥坐《あすかにいます》神社、住吉大社に奉幣《ほうべい》した。（七月五日）

奉幣とは神に捧げ物を献上することだが、ここではむろん、この三社に対して除病延命を祈願したことを意味している。

⑩百人の僧侶を宮中に屈請し、金光明経の読経を行った。（七月八日）

この金光明経は、仁王《にんのう》経とともに天武朝以降重用され、のちには法華経とともに護国三部経と呼ばれる。金光明経・仁王経の両経には国王擁護と国土擁護の二つの功徳が説かれているが、この二つの功徳のうち、天武朝以降の王権が重視したのは国王擁護の功徳であったという（本郷 二〇〇五）。金光明経はわが国において天皇の身体護持の功徳を説く経典として重んじられていたのである。この日の総勢百人による読経もまた、天武の除病延命のために行われたことは明らかだ。

⑪大赦を行った。（七月十五日）

五月以来、二度目の大赦となる。ここまで一月半余り、神仏儒さまざまの方策を繰り出して除病延命を祈願してきた。しかし、遺憾ながら、病状は一向に恢復しない。ばかりか、徐々に悪化し、臣下への接見もかなわなくなってきたのだろう。この日、天武は官人たちに対して次のような勅を発している。

天皇権限の一部委譲

天下の事は、大小を問わず皇后と皇太子に報告せよ

それまで官人たちからの行政報告は最高権力者である天武天皇が受けてきた。今後はそれを鸕野と草壁が代行する。事案によってではない。わざわざ「大小を問わず」と明言している。すべての事案について、二人に代行させるというのである。天皇権限の大幅な委譲。そこまで追い込まれたということだ。

だが、報告事案への最終判断や自らの意思で勅令を発する権限については留保したようだ。現に、四日後には自ら善政の詔を発している。おそらく、いつの日か平癒の暁には、

再び臣下の報告を受けるつもりでいただろう。復帰を諦めてはいない。ただ、注意すべきことが一つある。一部とはいえ、天皇権限を委譲したのは鸕野と草壁の両人であり、一方で大津皇子は除外していることだ。復帰を諦めてはいないが、自分に万一のことがあったとき、その後継体制に大津を含めず、しかも草壁一人では心許ないと見て鸕野（草壁生母）を後ろ盾とする。草壁をめぐる不安と大津に対する懸念が強まる中、これが死の床にあって天武が打ち出した現実的な後継構想だった。

実際にも、天武の死後、大津は過激ではあるがただちに物理的に排除されたし、草壁が即位して鸕野が後見する体制となる、はずだった。しかし、草壁はおそらくは深刻な健康上の事情が災いしてついに即位には至らず、鸕野の称制ついで即位という経過となった。生前の天武も、そこまで見通していたわけではあるまい。ただ、彼が病臥しながら抱えていた後継への不安や懸念は察するに余りある。そして、そうであればなおのこと、死ぬわけにはいかなかっただろう。天武の除病延命祈願はこの後も続く。

⑫詔を発し、「天下の百姓で貧乏により稲および財貨の貸し付けを受けた者は、乙酉年十二月以前の貸し付けについて、債務関係の公私を問わず、すべて返済を免除する」（七月十九日）

乙酉年とは天武十四年（六八五）のこと。この年以前に生じた債務の帳消しを天下に命じている。⑧同様、人々の負担を軽減するもので、このような善政を行うことによって、やはり除病延命を求めようとしたのである。

⑬改元して朱鳥《あかみどり》元年とし、宮号を飛鳥浄御原宮《きよみはらのみや》とした。

（七月二十日）

建元・宮号命名

『書紀』は「改元」と称しているが、天武朝ではここまで年号（元号）が建てられていなかったのだから、これは正確には建元である。では、即位後一四年以上も経ってから唐突に建元したのはなぜか。また、天武は壬申の乱終結後、飛鳥の岡本宮の南に宮室を造り、嶋宮から遷って以来、この宮室についてとくに命名してこなかった。ところが、やはりここにきて、突如「浄御原宮」と命名した。これもまたなぜか。

宮号命名については、今泉隆雄説が説得的だ。「浄御原」は一見地名のようだが、今泉によればそうではない。「清浄な（場所としての）原」という意味の嘉号で、地名を原則とする当時の宮号（たとえば岡本宮とか嶋宮）としては、非常に特異な命名だった。その上で、この命名は天武の病気平癒のためになされたというのである（今泉　一九九三、二〇〇四）。

一方、朱鳥建元について。今泉はこれまた、天武の病気平癒のためとしている。私も賛成だが、これについては、さらに道教研究者である福永光司の見解がある。福永によれば、年号の「朱鳥」は道教においては人間の生命力を充実させ、衰え病んでいるものを蘇らせる呪術宗教的な意味をもつという。そのことから、福永はこの朱鳥建元について、病気平癒の意味をもつ応急処置であったとしている（福永 一九八七）。

建元と宮号命名。いわば自らの治世の時と場のリセットには、やはり天武の除病延命への強い思いが込められている。

大量得度

⑭浄行の者七十人を選んで出家を許し、宮中の御窟《みむろ》院で斎会を行った。（七月二十八日）

浄行の者とは、仏道を清浄に修行して出家（仏門に入ること）を願う者たちのこと。この時は、その中から一挙七〇人を選んでその願いを認めた。古代では誰でも自由に僧侶になれるわけではない。国家による承認手続きが必要で、これを得度という。ここでは大量得度を行い、仏の奉仕者である僧侶を大量に生み出した。仏に対する貢献である。一方、僧侶となることは租庸調などの負担を免除されることを意味したから、大量得度は一種の善行でもある。このような貢献や善行によって、天武は自らの除病延命を図ったのである。

実は天武にとって、除病延命のための大量得度は初めてではない。六年前の天武九年（六八〇）十一月、皇后鸕野讃良が重病に陥るや、天武は薬師寺を建立するとともに一〇〇人の大量得度を行い、これによって皇后は平癒したという。また、同月には自身も病をえたので再び一〇〇人の大量得度を行ったところ、にわかに快癒するという効験があった。さらにまた、四年前の十一年八月には、孫娘の日高皇女（のちの元正天皇）の病を案じて勅命を下し、一四〇人余りの大量得度を大官大寺で実施。やはり事なきをえている。

これらの再三におよぶ功徳には、天武も感じ入ったことだろう。発病以来二月《ふたつき》。その間、万一に備えて、権限を一部委譲しつつも、なおたゆまず諦めず、除病延命祈願を続けてきた。しかし、容態は悪化の一途をたどり、今や天武としては最後のカードを切る以外に打つ手はなかったのだろう。かつて皇后やわが身、そして孫娘を救った大量得度。起死回生となるべき最後の切り札だった。

そして、天武自身の意思による除病延命祈願はこれが最後となったようだ。天武はその後も四〇日ほど存命するが、もはや自らの意思で除病延命祈願を命じることができない病状に至ったのである。そのことは『書紀』の記事から読み取ることができる。除病延命祈願の主体が天武から鸕野皇后・草壁皇太子に替わっているからだ。

⑮諸王臣ら天皇のために観音像を造り、大官大寺において観世音経を説かせた。（七月）

皇后・皇太子の後継体制

この記事は、日にち不明だが七月中のことだとして記事に立てたもの。先の⑭（二十八日）より前か後か、それはわからない。だが、いずれにせよ、ほぼ同時期だろう。この造仏・説法は天武が直接命じたものではない。わざわざ「天皇のために」としているからだ。誰が命じたのか。皇后・皇太子である。両人が天武の重篤化にともない、天武に代わって、皇親・貴族らに対し造仏・説法を命じたのだ。

そのことを裏付ける史料もある。天平十九年（七四七）作成の「大安寺伽藍縁起幷流記資財帳」。大安寺は大官大寺の後身だ。本帳はその由来と資産を記したものだが、その中に、当寺所有の「繍菩薩像一帳」は丙戌年（朱鳥元年）七月に皇后・皇太子が天武のために奉造して納めたものであると記されている。この「繍菩薩像」（刺繍による観音菩薩像）とは、作成時期や目的からみて、⑮の「観音像」そのものをさす。

同じ観音菩薩像を⑮では諸王臣が造り、資財帳では皇后・皇太子が奉造したとするが、これは皇后・皇太子が諸王臣（皇親・貴族ら）に命じて造らせたと考えれば何の矛盾もない。諸王臣はむろん手づから刺繍作業に加わったのではない。命じられて、その経費を拠出したのだろう。

天武の除病延命祈願はもはや天武自身が直接行うことはできなくなっており、その意を受けた皇后・皇太子が行うようになった。そして、このことは先に天皇権限の一部を委譲されていた両人が、事実上一部にとどまらず、全権限を行使するようになったことも意味している。大津皇子を除外した皇后・皇太子による後継体制は実質的に始まっていたのである。

⑮の記事に戻ろう。七月某日、皇后・皇太子の命により皇親・貴族らが製作した刺繍の観音菩薩像を大官大寺に奉納。この時にあたって、当寺では観世音経の説法が行われた。この観世音経とは、法華経の一部が独立したもので、観音菩薩の名を唱えれば、あらゆる苦難から救われると説く。現世利益の経典である。奉納された観音菩薩像の下、その説法が天武の除病延命を祈願して行われたのだった。

先年、奈良県明日香村の石神遺跡（飛鳥時代の迎賓施設跡）から、「己卯年」（天武八年〈六八六〉）に観世音経十巻を書写したと記す木簡が出土。天武朝には観世音経の書写が行われ、観音信仰が広まりつつあったことが確認された。重篤化した天武の除病延命を祈願するに当たり、皇后・皇太子が観音像の製作や観世音経の説法を選んだのは、飛鳥の都で

図9　石神遺跡出土木簡　出典：木簡庫（https://mokkanko.nabunken.go.jp/ja/5AMDQQ78000001）

の観音信仰の広がりという背景もあったのだ。

当面の危機を凌ぐ

⑯天皇のために、八十人の僧を得度させた。（八月一日）

⑰僧尼あわせて百人を得度させた。さらに百体の観音菩薩像を宮中に安置し、観世音経二百巻を読誦させた。（八月二日）

連日の大量得度である。先月二十八日を皮切りに、わずか五日間で二五〇人もの得度が行われたことになる。ここにきて、天武の病状がいよいよのっぴきならない緊迫した状況になってきたことを窺わせる。かつて皇后自身が病を救われ、皇太子も娘（日高皇女）が同じく救われた。頼みの綱の大量得度。皇后も皇太子も、これに天武の除病延命を託すのは当然であった。天武の病臥する浄御原宮は、今や一〇〇体の菩薩の慈愛の眼差しと僧たちの祈りの声に満たされる。その甲斐あってか、当面の危機は何とか凌いだようだ。

（八月九日）

⑱天皇の病のために、神祇に祈る。

この大量得度ののちは、除病延命の動きがほとんど止まってしまう。当面の危機は凌いだにしても、天武の病状は快方に向かうことはなく、重篤であることに変わりはなかった。だが、打つ手もさすがに尽きようとしている。そんな状況であったか。かくして、皇后・皇太子らが命じたのは天神《あまつかみ》・地祇《くにつかみ》、つまりは八百万《やおよろず》の神に祈りを捧げることであった。太古の昔より、この列島では事あるごとにいつも捧げられてきた祈り。古代日本の信仰の中でもっとも素朴で、しかも深く根付いてきたこの祈りに願いを託したのだ。

（八月十三日）

⑲秦忌寸石勝《はだのいみきいわかつ》を土佐大神のもとに派遣して幣帛を奉らせた。

一方で、彼らは天武に災厄を齎している原因を探り取り除くことにも努めた。六月には、熱田社の神体（草薙剣）が神社を離れ宮中に置かれていた祟りを鎮めるため、直ちにこれを返還した（③）。今回は二年前、天武十三年（六八四）十月の大地震により各地で甚大な被害が発生し、特に土左国では田畑五〇万頃《しろ》（約一二〇〇ヘクタール）以上が海没する大被害となったことを重視。これは土左大神（都左坐神社《とさにいます》の祭神）の祟りであり、その祟りが天武の身にも及んでいるとみて、奉幣をもって荒ぶる神を慰撫し祟りを鎮めようとしたのである。

天武は死にたくなかった

ただ、古来の八百万の神に除病延命を祈願し、土左にいます荒ぶる神を慰撫しても、天武の病状は一向に恢復しなかった。ばかりか、おそらくは日に日に増悪したものと思われる。皇后・皇太子ももはや万策尽きたのだろう。先に述べたように、除病延命の動きは止まり、やがて九月を迎える。

天武崩御

⑳親王以下諸臣にいたるまで、みな川原寺に集まり、天皇の病のために誓願した。（九月四日）

皇親・貴族らが川原寺で一堂に会し、天武天皇の病のために誓願した。この「誓願」はたんなる祈願ではない。仏に「私どもが心を一にして必ずや天皇を御病からお救いいたします」と誓いを立て、「どうか私どもにご加護を」と願ったのである。「天皇を絶対に逝かせるわけにはいかない」という悲壮な決意表明に映る。

しかし、これは皇后・皇太子が皇親・貴族（朝廷指導者層）に命じて行わせたものだ。天武はいつ息を引き取ってもおかしくない。実際には、もはや誰にも天武の除病延命などできはしない。それでも、右のような誓願を命じたのは、死病の天武への忠誠を誓わせ、それによって後継である自分たちへの忠誠を確かなものにしたかったからだ。皇后・皇太子が天武の危篤を案じつつも、その死後の権力保全という現実に向けて、一歩踏み出したのである。

天武が世を去ったのは、その五日後のことであった。享年は不明。五六歳説、五二歳説などあるが、確実なものはない。本書では五〇代半ば前後としておこう。命日の九月九日は、のちの律令国家において国家的法要を営むべき国忌《こき》の日の初例となった。『書紀』は「天皇の病、遂に差《い》えずして、正宮《おおみや》に崩《かむあが》りましぬ」と記す。暗に「薬石効なく」と無念の思いをにじませているが、無理もない。五月二十四日から崩御にいたるまでの三か月半。なんと多くの除病延命策がとられてきたことか。しかも、以上は『書紀』による限りである。

奈良の長谷寺に伝わる法華説相図（千仏多宝仏塔）の銘文末文には、

歳次降婁漆兎上旬、道明率引捌拾許人、奉為飛鳥清御原大宮治天下天皇敬造、

（歳《ほし》は降婁《こうる》に次《やど》る漆兎《しつと》上旬、道明捌拾《はちじゅう》許りの人を率引し、飛鳥清御《きよみ》原大宮《はらのおおみや》に天下治《あめのしたしろ》すめす天皇《すめらみこと》のおんために敬造す）

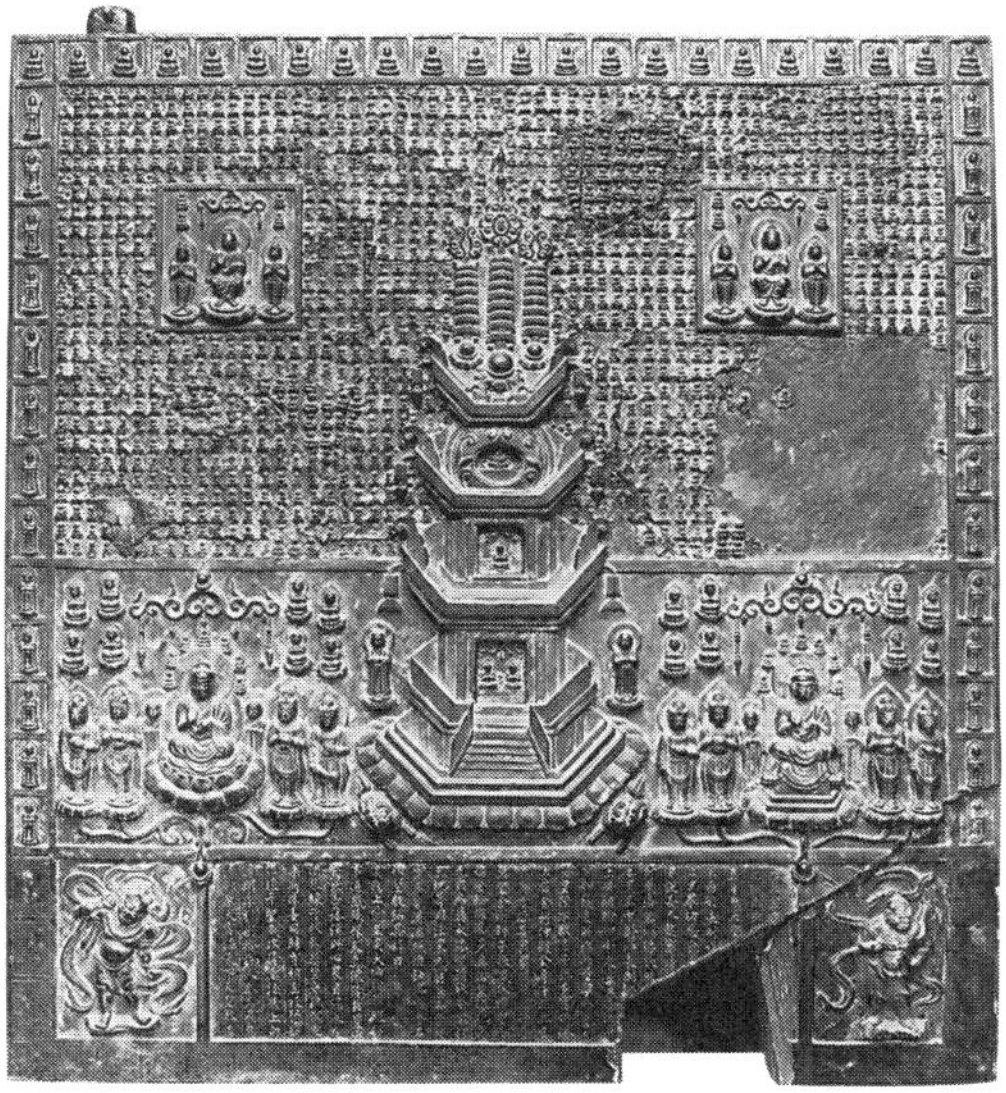

図10　銅板法華説相図　長谷寺所蔵

とある。「歳は降婁に次る漆兎上旬」とは天武十五年（六八六）七月上旬、「天皇」はむろん天武をさす。だとすれば、『書紀』には見えないが、このとき道明（川原寺の僧）は八〇人ほどの人々を率い、天武の除病延命のため、その法華説相図の製作に当たったのである。『書紀』には記されなかった除病延命祈願はまだ他にもあったかもしれない。

病を得るや、あるいは読経・悔過・得度・造仏を通じて仏に救いを求め、一方で大祓・奉幣を通じて天神地祇にも救いを求める。また、大赦・免税といった善政を試みるかと思えば、建元・宮号命名といった時間と空間のリセットをも試みる。その他も含め、先の三か月半の間に、天武自ら、さらにはその後継者たちも、ありとあらゆることを除病延命策として講じてきた。

淡白な天智

死病にある君主が除病延命を願う。一見、何の不思議もない。人として、生への執着は当然とすらいえる。しかし、実は天武以前に、かくも頻々と除病延命祈願を繰り広げた天皇（大王）は一人もいない。その意味で、天武の場合は異様なのである。

たとえば、天武の先代、兄の天智天皇の場合はどうか。『書紀』によれば、天智が病臥するのは天智十年（六七一）九月（一説に八月とも）のことであり、近江大津宮で崩御するのは同年十二月三日のこと。その間の二～四か月は天武の三か月半に匹敵するが、除病延命祈願に類する記事は次の二つしかない。

Ⅰ内裏において、百体の仏像の開眼法要を行った。（十月八日）

Ⅱ天皇、使者を派遣して、袈裟・金鉢・象牙・沈水香・栴檀香およびもろもろの珍しい財物を法興寺（飛鳥寺）の仏に奉納した。（十月是月）

Ⅰは天武の場合の⑰に「百体の観音菩薩像を宮中に安置」とあるのに類似する。ただ、これは以前から進められていた内裏仏殿での一〇〇体の仏像（仏画）制作が最終段階を迎え、いよいよ開眼にいたったことを伝えてはいるが、その仏像制作が天智の病いと結びつくものであったかどうかは不明である。

また、Ⅱもやはり、天武の場合の④に使者を飛鳥寺に派遣して「大仏に珍宝を捧げた」事例があるのを思い起こさせる。ただ、これもこの十月に新羅が金萬物らを日本に派遣して貢進してきた調を、あるいはその一部を飛鳥寺に奉納した事実を記してはいるが、それが天智の除病延命祈願のための奉納であったと記されているわけではない。

もっとも、天武の場合も、『書紀』は除病延命祈願のことをつねに明記しているわけではない。だから、天智のⅠⅡも、実は除病延命のための方策だった可能性はある。しかし、かりにそうだとしても、天武の場合と比較すると、その頻度や内容の差は歴然としている。天武の場合にしばしば見られた大量得度、読経・講経、あるいは大赦も天神地祇への奉幣も、天智の場合はまったく見られない。除病延命が祈願されたとしても、のちの天武にくらべると、あまりに淡白だ。最後の最後までといった生への執着は感じられない。

十月十七日、自分の死期が迫ったことを悟った天智は弟の大海人皇子（天武）を病床に召し入れ、後事を託す旨を伝える。これをわが身を陥れるための甘言とみた大海人はただちに出家して、二日後辛くも吉野に遁れる。この時まで天智の脳裏を占めていたのは、ただただ死後に不可避的に持ち上がるはずの皇位継承問題。これのみであった。いかにして皇太弟大海人を排し、寵愛するわが子大友皇子に皇位を継がせるか。天智が生への執着を持っていたとすれば、この問題の決着を生きてわが目で確かめるためである。

この日、大海人が自ら身を引いてこの問題が決着すると、その後の十一月も、崩御する十二月も全く除病延命祈願の記事は見当たらない。先のⅡが除病延命祈願のためのものであったとすれば、これが行われたのは天智が大海人を病床に召し入れる前のことだろう。

天武の生への執着

このように天智の場合は、重篤な病を得て除病延命を祈願した可能性はあるが、それにしても天武の場合とは比較にならない。天智よりも前の天皇（大王）にいたっては、『書紀』を見る限り、皆無である。もっとも、一般に天智朝以前の『書紀』の記事は天武朝以後にくらべると、簡略でボリュームに乏しい。それは近江大津宮にあった天智朝以前の記録が乱の兵火で失われた結果であるとしばしば説明される。

だが、実は『書紀』は大津宮が焼失したなどとは伝えていない。もし、大津宮が灰燼に帰したとすれば、天武十年（六八一）に編纂が開始された『書紀』に記されてしかるべきだ。むろん、完全焼失でなくとも、部分的に官舎が焼けたことはあったかもしれない。しかし、それにしても、天智朝以前の記事が少ないことを何でもすべて兵火のせいにするのはいかがなものか。

『書紀』の編纂事業に従った官人たちにとって、少なくとも天智が崩御した天智十年（六七一）は、すでに知る人もない遥か遠い昔となっていたわけではない。往時を知る者は少なからずいた。だから、天智の病いが重篤となったその最晩年、もし天武と同じように頻々と除病延命祈願が行われていたとしたら、詳細までは無理としても、簡略な形で記事を立てることぐらいできたはずだ。天智の場合、やはり除病延命祈願が頻々と行われるような状況ではなかったのである。

天智にしてそうなら、天智より前の天皇（大王）もこれと同様とみてよいのではないか。私のその憶測が大きく外れていないとすれば、天智以前には、たとえ死病に臥していても除病延命祈願を行うことはほとんどなかったのである。ところが、天武は全く違う。ありとあらゆる方策を講じて、おのれの除病延命祈願を繰り返し行なった。

結局、天武は死にたくなかった。身も蓋もない言い方だが、あの空前の頻々たる除病延命祈願の意味するところは、これを措いて外にはない。むろん、これは生物体としてはしごく当然のことである。しかし、ここで「死にたくなかった」というのは、生物的、本能的な意味においてではない。政治的な意味においてである。たとえ死病にあると悟っても、まだまだ死ぬわけにはいかないという強い思いが天武にはあった。まだまだ生きなければという執念が天武にはあったのだ。それはなぜか。このことを最後に述べて、本書を閉じることにしたい。

天武の心残り――エピローグ

死の床にあった天武には心残りが二つあった。一つは自分の死が政治的な混乱をもたらすだろうという予感だ。念頭にあったのはいうまでもなく、大津皇子の存在である。かつて、吉野で皇子たちに一致団結を盟約させた上で草壁皇子を皇太子に立て、一方で大津にも皇太子に準じて国政に参画させた。草壁の生母鸕野皇后とともに微妙なバランスをとったつもりだった。しかし、肝心の草壁は将来皇位を継ぐことが危ぶまれるような事情（おそらくは病弱）を抱え、対する大津の声望は官人たちの間で日に日に高まっていく。

病状が一層進むと、天武は官人たちに行政報告は今後すべて皇后・皇太子に行えと命じる。先にも述べたが、万一の場合の後継構想を公言したに等しい。大津皇子を除外しただけではない。鸕野皇后を草壁の後見とした。そうせざるをえなかったのだ。天武の苦衷のほどが知られる。草壁は後見なしには皇位につけない。しかも、自分が死ねば、声望の高い大津が皇位簒奪に動くかもしれない。かつて皇位を簒奪した天武にとって、それは決して杞憂ではない。そんな心を残したまま、天武はとても死ぬわけにはいかなかっただろう。

天武のもう一つの心残りは、彼が築き上げようとした律令国家が未完であったことである。天武はたとえば、律令の制定、正史の編纂、都城の建設に着手したが、いずれもその完成を見ることなくこの世を去った。自らを中国的専制君主に擬えた天武がその中国を模範として始めた事業である。その完成を「生きてこの目で見たい」と思わなかったはずはない。完成をその目でたしかめて、自身が構想した律令国家の仕上がりをさぞや実感したかったことだろう。

律令国家の仕上がりという点では、即位直後から戦略的に推進してきた律令官人群、とりわけ下級官人群の創出について、天武は病身を横たえながら、どんな思いを胸にしていただろうか。中国的専制君主の下、みな礼法に随って一糸乱れず整然と進止し、法規に則って遅滞や過怠なく精勤。ひとたび君命を帯びるや奮って死地にも赴く。そんな理想的な官僚集団を作り上げたかったはずだが、現実にはさすがに無理であった。天武にしても官人たちにそこまで厳しく求めた痕跡はない。むしろ総じて寛容だった。

しかし、だからといって、彼らに満足していたわけではあるまい。公式礼法を身につけようとせず、君主を畏怖することもなく、たくみに職務を忌避し、したたかに女官を籠絡して私利を追求する、何より「承詔必謹」を履行しようとしない、そんな現状を苦々しく思っていたことだろう。乱暴狼藉をはたらき、罪過を犯しながら司直に対峙する夜郎自大の官人たちが膝下に出現するにいたっては、憤りはもとより、いわばプランナーとして挫折感すら味わったのではないか。

その根幹を担うべき官人たちの未熟。これもまた律令国家の未完そのものであり、天武にとってこのままでは死んでも死にきれない、大きな未練として最期まで心にかかっていただろう。私は秘かにそう憶測する。もっとも、急拵えの官人たちはその後いつまでたっても未熟であったのであり、日本律令国家は半永久的に未完であった。思えば、自身も急拵えの専制君主だったのだ。その天武が残した遺産、それが日本律令国家であった。

あとがき

壬申の乱に勝利を収めて即位した天武天皇は、旧近江朝廷にいたるまで歴代政権内で重きをなしてきた畿内の大豪族たちに沈黙を強い、専制君主として律令国家の建設を急ピッチに進めた。天武とその時代をめぐる通説的理解を筆者もまた襲う者である。本書冒頭に述べたように、今日この通説的理解に有力な批判があることは承知しているが、少なくとも筆者は深く泥んできたこの理解を容易に捨て去ることはできない。

その上で、天武はいかなる専制君主であったのか、いかにして律令国家の建設を進めたのか。そういう彼の実像を少しでも明らかにしたいと思い筆を執ったのが本書である。その意図がどれほど果たされたか、はなはだ心許ない。けれども、天武は自らを自身の理想とする中国的専制君主に擬えながら、一方で、急拵えで未熟な、それでいて相当にしたたかな官人たちに手を焼きながら、新たな国家の建設に取り組まねばならなかった。その苦

心と苦闘の様子については、いささかでもお伝えできたのではなかろうか、

思えば、精力的で強靭な君主であった。即位後、道半ばで不本意な死を迎えるまで一三年半余。その間、大臣も議政官も置かずに独裁を続け、事あるごとに詔勅を渙発した。『書紀』の詔勅記事は八〇条近い。実際には、さらに夥しい数に上っただろう。多くはあの「承詔必謹」とはいい難い官人たちに向けてである。歯痒い思いもしたはずだ。それでもめげずに渙発し続けた。

急ピッチに見える律令国家建設の歩みは、その実非効率で遅々たるものであった。しかし、たとえそうであったにせよ、その歩みは精力的で強靭な君主・天武の下ではじめて可能となったものだ。そのことを最後に強調しておきたい。

本書執筆の機縁は今から二十数年前、当時駒場での仕事をご一緒した元木泰雄氏から、一夕ある出版社の編集者をご紹介いただいた時に遡る。何か一書をと請われて、なんの構想もないのに、「ならば天武天皇で」と応じてしまった。ちょうど清文堂の「古代の人物」シリーズ第一巻に「天武天皇」の執筆依頼を受けていて、念頭にあったこの天皇の名が思わず口をついて出たのである。当然のことながら、当方の筆は一向に進まず、幾星霜経つうちに編集者の方も異動となったようで、この件は立ち消えとなった。慚愧の至りで

ある。

その後、天武や天武朝についての拙論をいくつか書き上げ、さらに律令国家の官人統制について試論を世に問うようになって、ようやく本書のような内容を構想するようになった。実はそれよりはるか以前に、吉川弘文館の永田伸氏から「歴史文化ライブラリー」への執筆依頼を受けていたのだが、諾否も答えぬままに打ち過ごしていた。そこで、厚かましくも当方から永田さんにお願いし、改めて本書を執筆させてもらうことにした。しかも、永田さんにはそこからまた四年ほどお待ちいただく結果となった。本書担当の志摩こずえ氏とともに厚く御礼申し上げる。

不義理を重ねた元木さんと往時の編集者の方には衷心よりお詫び申し上げたい。ことに、元木さんとは学生時代以来の旧知で、何かにつけてご厚誼をいただいたが、何一つ報いることもできず、本年四月に突然の悲報に接することになった。あまりに早すぎる永訣で、今なお痛惜の念に堪えない。本書を元木さんに捧げ、積年の感謝の微意としたい。

二〇二四年五月　元木さんの満中陰に際して

虎尾達哉

参考文献（主に単行本を掲出し、論文はごく一部を挙げるにとどめた）

青木和夫『日本律令国家論攷』、岩波書店、一九九二年
市大樹『飛鳥の木簡』、中央公論新社、二〇一二年
井上通泰「天武天皇紀闡幽」（『歴史地理』五四―三）、一九二九年
今泉隆雄『古代宮都の研究』、吉川弘文館、一九九三年
今泉隆雄「『飛鳥浄御原宮』の宮号について」（『東アジアの古代文化』一一八）、二〇〇四年
大隅清陽『律令官制と礼秩序の研究』、吉川弘文館、二〇一一年
小澤毅『日本古代宮都構造の研究』、青木書店、二〇〇三年
鎌田元一『律令公民制の研究』、塙書房、二〇〇一年
亀田隆之『壬申の乱』、至文堂、一九六一年
川崎庸之『天武天皇』、岩波書店、一九五二年
岸俊男『日本古代政治史研究』、塙書房、一九六六年
北啓太「律令制初期の官人の考選について」（『史学論叢』六）、一九七六年
熊谷公男『大王から天皇へ』、講談社、二〇〇一年
倉本一宏『日本古代国家成立期の政権構造』、吉川弘文館、一九九七年
倉本一宏『壬申の乱』、吉川弘文館、二〇〇七年

倉本一宏『持統女帝と皇位継承』、吉川弘文館、二〇〇九年
黒須利夫「古代における功徳としての『清掃』」（根本誠二、サムエル・C・モース編『奈良仏教と在地社会』所収）、岩田書院、二〇〇四年
坂本太郎『律令制度』（坂本太郎著作集七）、吉川弘文館、一九八九年
佐藤信『日本古代の宮都と木簡』、吉川弘文館、一九九七年
新川登亀男『日本古代の儀礼と表現』、吉川弘文館、一九九九年
関晃『日本古代の国家と社会』（関晃著作集四）、吉川弘文館、一九九七年
平雅行「殺生禁断の歴史的展開」（大山喬平教授退官記念会編『日本社会の史的構造』古代・中世所収）、思文閣出版、一九九七年
武光誠『律令制成立過程の研究』、雄山閣出版、一九九八年
辰巳正明『万葉集と中国文学』、笠間書院、一九八七年
田中卓『壬申の乱とその前後』（田中卓著作集五）、国書刊行会、一九八五年
鶴見泰寿『古代国家形成の舞台　飛鳥宮』、新泉社、二〇一五年
寺西貞弘『古代天皇制史論』、創元社、一九八八年
寺西貞弘『天武天皇』、筑摩書房、二〇二三年
虎尾達哉『日本古代の参議制』、吉川弘文館、一九九八年
虎尾達哉『律令官人社会の研究』、塙書房、二〇〇六年
虎尾達哉『律令政治と官人社会』、塙書房、二〇二一年a

虎尾達哉『古代日本の官僚』、中央公論新社、二〇二一年b
直木孝次郎『持統天皇』、吉川弘文館、一九六〇年
直木孝次郎『奈良時代史の諸問題』、塙書房、一九六八年
直木孝次郎『壬申の乱』増補版、塙書房、一九九二年
野村忠夫『古代官僚の世界』、塙書房、一九六九年
野村忠夫『律令官人制の研究』増訂版、吉川弘文館、一九七〇年
野村忠夫『官人制論』、雄山閣出版、一九七五年
野村忠夫『律令政治と官人制』、吉川弘文館、一九九三年
早川庄八『律令国家』（日本の歴史四）、小学館、一九七四年
早川庄八『日本古代官僚制の研究』、岩波書店、一九八六年
早川万年『壬申の乱を読み解く』、吉川弘文館、二〇〇九年
早川万年「天武天皇」（新古代史の会編『人物で学ぶ日本古代史』1所収）、吉川弘文館、二〇二二年
福永光司『道教と古代日本』、人文書院、一九八七年
本郷真紹『律令国家仏教の研究』、法蔵館、二〇〇五年
宮城栄昌『延喜式の研究』論述篇、大修館、一九五七年
毛漢光『唐代墓誌銘彙編附考』、中央研究院歴史語原研究所（中華民国）、一九八七年
森田悌『日本古代律令法史の研究』、文献出版、一九八六年
義江明子『天武天皇と持統天皇』、山川出版社、二〇一四年

吉川真司『律令官僚制の研究』、塙書房、一九九八年
吉川真司『飛鳥の都』、岩波書店、二〇一一年
吉川真司『律令体制史研究』、岩波書店、二〇二二年
吉田孝『古代国家の歩み』（大系日本の歴史三）、小学館、一九八八年
渡辺晃宏「兵部省の武官人事権の確立と考選制度」（『文化財論叢』Ⅱ）、奈良国立文化財研究所、一九九五年

著者紹介

一九五五年、青森県に生まれる
一九八三年、京都大学大学院文学研究科博士課程中退
現在、鹿児島大学名誉教授

〔主要著書〕
『日本古代の参議制』（吉川弘文館、一九九八年）
『律令官人社会の研究』（塙書房、二〇〇六年）
『藤原冬嗣』（吉川弘文館、二〇二〇年）
『古代日本の官僚』（中央公論新社、二〇二一年）

歴史文化ライブラリー
606

苦悩の覇者 天武天皇
専制君主と下級官僚

二〇二四年（令和六）九月一日 第一刷発行

著者 虎《とら》尾《お》達《たつ》哉《や》
発行者 吉川道郎
発行所 株式会社 吉川弘文館
東京都文京区本郷七丁目二番八号
郵便番号一一三―〇〇三三
電話〇三―三八一三―九一五一〈代表〉
振替口座〇〇一〇〇―五―二四四
https://www.yoshikawa-k.co.jp/
印刷＝株式会社 平文社
製本＝ナショナル製本協同組合
装幀＝清水良洋・宮崎萌美

ISBN978-4-642-30606-5

歴史文化ライブラリー

1996. 10

刊行のことば

現今の日本および国際社会は、さまざまな面で大変動の時代を迎えておりますが、近づきつつある二十一世紀は人類史の到達点として、物質的な繁栄のみならず文化や自然・社会環境を謳歌できる平和な社会でなければなりません。しかしながら高度成長・技術革新にともなう急激な変貌は「自己本位な刹那主義」の風潮を生みだし、先人が築いてきた歴史や文化に学ぶ余裕もなく、いまだ明るい人類の将来が展望できていないようにも見えます。このような状況を踏まえ、よりよい二十一世紀社会を築くために、人類誕生から現在に至る「人類の遺産・教訓」としてのあらゆる分野の歴史と文化を「歴史文化ライブラリー」として刊行することといたしました。

小社は、安政四年（一八五七）の創業以来、一貫して歴史学を中心とした専門出版社として書籍を刊行しつづけてまいりました。その経験を生かし、学問成果にもとづいた本叢書を刊行し社会的要請に応えて行きたいと考えております。

現代は、マスメディアが発達した高度情報化社会といわれますが、私どもはあくまでも活字を主体とした出版こそ、ものの本質を考える基礎と信じ、本叢書をとおして社会に訴えてまいりたいと思います。これから生まれでる一冊一冊が、それぞれの読者を知的冒険の旅へと誘い、希望に満ちた人類の未来を構築する糧となれば幸いです。

吉川弘文館

歴史文化ライブラリー

古代史

邪馬台国の滅亡 大和王権の征服戦争——若井敏明
日本語の誕生 古代の文字と表記——沖森卓也
日本国号の歴史——小林敏男
日本神話を語ろう イザナキ・イザナミの物語——中村修也
六国史以前 日本書紀への道のり——関根 淳
東アジアの日本書紀 歴史書の誕生——遠藤慶太
〈聖徳太子〉の誕生——大山誠一
倭国と渡来人 交錯する「内」と「外」——田中史生
大和の豪族と渡来人 葛城・蘇我氏と大伴・物部氏——加藤謙吉
物部氏 古代氏族の起源と盛衰——篠川 賢
東アジアからみた「大化改新」——仁藤敦史
白村江の真実 新羅王・金春秋の策略——中村修也
よみがえる古代山城 国際戦争と防衛ライン——向井一雄
よみがえる古代の港 古地形を復元する——石村 智
古代氏族の系図を読み解く——鈴木正信
古代豪族と武士の誕生——森 公章
飛鳥の宮と藤原京 よみがえる古代王宮——林部 均
出雲国誕生——大橋泰夫
古代出雲——前田晴人
古代の皇位継承 天武系皇統は実在したか——遠山美都男
壬申の乱を読み解く——早川万年
苦悩の覇者 天武天皇 専制君主と下級官僚——虎尾達哉
戸籍が語る古代の家族——今津勝紀
古代の人・ひと・ヒト 名前と身体から歴史を探る——三宅和朗
疫病の古代史 天災、人災、そして——本庄総子
万葉集と古代史——直木孝次郎
郡司と天皇 地方豪族と古代国家——磐下 徹
地方官人たちの古代史 律令国家を支えた人びと——中村順昭
采女 なぞの古代女性 地方からやってきた女官たち——伊集院葉子
古代の都はどうつくられたか 中国・日本・朝鮮・渤海——吉田 歓
平城京に暮らす 天平びとの泣き笑い——馬場 基
平城京の住宅事情 貴族はどこに住んだのか——近江俊秀
すべての道は平城京へ 古代国家の〈支配の道〉——市 大樹
都はなぜ移るのか 遷都の古代史——仁藤敦史
古代の都と神々 怪異を吸いとる神社——榎村寛之
聖武天皇が造った都 難波宮・恭仁宮・紫香楽宮——小笠原好彦
天皇側近たちの奈良時代——十川陽一
藤原仲麻呂と道鏡 ゆらぐ奈良朝の政治体制——鷺森浩幸
古代の女性官僚 女官の出世・結婚・引退——伊集院葉子